JN426803

고리타분한 한자와 한문

고리타분한
한자와 한문

초판 1쇄 인쇄 2018년 8월 10일
초판 2쇄 발행 2020년 8월 25일

지은이 김하윤

펴낸곳 인문과교양
주소 (02001) 서울특별시 중랑구 중랑천로 358-6
전화 02-3144-3740
팩스 031-655-3740

ⓒ2018, 김하윤
ISBN 979-11-85939-60-5 (03700)

파본은 구입하신 서점에서 교환해 드립니다.
이 책은 저작권법에 의하여 보호를 받는 저작물이므로 무단 전재와 복제를 금합니다.

古 옛 고
利 이로울 리
他 다른 사람 타
分 나누다 분

고리타분한 한자와 한문

김하윤 지음

SINCE 2013
인문과교양

머리말

우리는 동아시아 한자 문화권에서 우리의 사상과 감정을 한자로 전달하면서 공동체의 구성원으로 살고 있다. 예전보다 체감 온도는 낮아졌지만, 한자가 자신의 뜻을 전달하는 문자 매개체라는 것은 변함없는 사실이다. 21세기 현대를 살아가는 지식인들의 언어생활에도 한자에 대한 이해는 필수로 갖추어야 할 조건이다. 그래서 '한글과 한자는 새의 두 날개요, 수레의 두 바퀴와 같다'는 말이 지금까지도 의미 있게 회자되고 있는 것이다.

우리말인 한글을 좀 더 잘 파악하고 이해하기 위해서는 한자의 습득이 무엇보다도 중요하다. 우리말의 70% 이상이 한자어로 이루어졌기에 어휘력과 이해력 향상을 위해서는 반드시 필요하다는 주지의 사실도 수없이 강조되고 있지만, 공허한 메아리로 치부되는 현실이다. 21세기 4차 산업 시대를 살아가면서 물질의 발전과 속도에 대한 숭배에만 치중하면서 정신적 발전은 뒷전으로 밀려나고 있다. 인문학은 범람하고 있으면서도, 동시에 위기를 이야기한다.

'고전(古典)'을 배우면 '고전(苦戰)'한다는 인식으로, 과거에 얽매인 '고리타분'한 것으로 치부하면서 생존 경쟁에서 밀어내기에만 바쁘다. 지루하고 딱딱하고 재미없는 한자라는 인식을 버리고, '고전[古]의 이로움[利]을 다같이[他] 나누자[分]'는 계기가 되었으면 좋겠다는 것이 제목이 된 이유가 바로 여기에 있다.

한자 학습을 통해 우리 선조들의 슬기로운 지혜와 정신적 · 도덕적 가치들을 되살리고, 미래의 인재로 나아가는 데 발판이 되었으면 하는 목적으로 이 책은 기획되었다. 급수별 기초 한자들을 바탕으로 한자어를 제시하였고, 생활에 필요한 한자와 사자성어들을 통해 상식과 교양으로 필요한 것들을 다양하게 제시하였다. 더불어 주제별 단문과 명문장들을 통해 우리 고전의 다양한 멋을 살필 수 있도록 하였다.

이 책이 나올 수 있도록 많은 힘을 실어 주신 인문과교양에 박성원 대표님과 부족한 내용들을 훌륭하게 편집해 주신 편집진 여러분께 감사의 말씀을 전한다. 특히 책에 품위를 더하기 위해 좋은 작품을 허락해 주신 덕산(德山) 김윤식(金允植) 선생님께도 깊은 감사의 말씀을 전한다.

2018년 8월에 우계학당에서

김하윤

차례

그리움 다음은
내몫이다

日新

제 1 장

한자의 이해

1. 한자의 기원과 특성

1) 한자의 기원

한자의 기원을 유추하는 것이 쉽지는 않으나, 보통은 甲骨文字를 한자의 기원으로 본다. 갑골문자는 거북의 등딱지나 짐승의 뼈에 새겨진 중국 고대의 상형문자를 말하며, 殷墟文字·甲骨文이라고도 한다. 『韓非子』나 『呂氏春秋』에 의하면, 倉頡이 새와 짐승의 발자국을 보고 한자를 만들었다고 전한다. 창힐은 중국 고대 전설상의 임금인 皇帝를 말한다고도 하고, 황제의 史官이라고도 하는데, 그 구체적인 근거는 알 수가 없다. 중요한 것은 한자를 어느 한 개인 혹은 한 시기에 의해서 만들어질 수 있는 문자로 보지 않고, 悠長한 시간이 흘러오면서 정립된 문자로 보는 것이 옳은 견해라는 점이다.

2) 한자의 특성

① 뜻을 가지고 있는 表意文字이다.

② 造語力이 뛰어난 문자이다.

③ 그림 글자이기 때문에 시각성이 우수한 문자이다.

④ 조형미와 예술성을 겸비한 문자이다.

⑤ 여러 가지 뜻과 소리를 가질 수 있는 多義文字이다.

3) 한자의 3요소

① 모양[形]

② 소리[音]

③ 뜻[義]

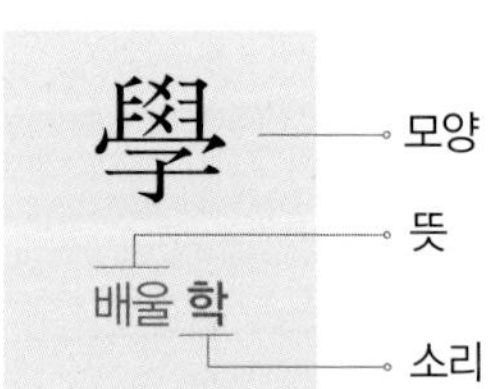

한자는 이 세 가지 요소를 모두 갖추어야 온전한 한자를 이룰 수 있다. 이 중에서 한 가지만 없어도 성립이 불가능한 글자가 한자이다.

2. 한자의 제자 원리

한자가 만들어진 여섯 가지 구성 원리를 육서법이라고 하는데, 漢代의 許愼은 『說文解字』에서 육서법의 정의를 다음과 같이 설명하였다.

> 一曰指事, 指事者, 視而可識, 察而見意, 上下是也.
> 二曰象形, 象形者, 畵成其物, 隨體詰詘, 日月是也.
> 三曰形聲, 形聲者, 以事爲名, 取譬相成, 江河是也.
> 四曰會意, 會意者, 比類合誼, 以見指撝, 武信是也.
> 五曰轉注, 轉注者, 建類一首, 同意相受, 考老是也.
> 六曰假借, 假借者, 本無其字, 依聲託事, 令長是也.

이 중에서 상형, 지사, 회의, 형성은 한자를 만드는 造字의 원리이고, 전주, 가차는 이미 만들어진 글자를 가지고 사용하는 運用의 원리이다. 육서의 내용을 자세히 살펴보면 다음과 같다.

1) 상형

상형은 모양[形]을 본뜬[象] 글자이다. 사물의 특징을 잘 드러낼 수 있노록 간략하게 본떠서 만든 것이다. '人'은 사람의 옆모습을 그린 것이요, '大'는 사람을 정면에서 본 것이며, '田'은 밭이랑이 가로세로로 통한 것을 위에서 보고 그린 것이다. '魚'는 세워 놓은 물고기, '門'은 좌우 문짝을 닫은 모양을 그린 것이다. 상형문자는 전체 한자의 약 3% 정도이다.

예 日, 月, 水, 木, 火, 石 등

2) 지사

지사는 사물의 성질[事]을 지적한[指] 글자로 형체가 없는 사물의 성질을 일정한 부호로 나타내는 방법이다. 수사와 같은 추상적인 개념은 상형으로 그리기가 곤란하므로, '一, 二, 三, 十'과 같은 일정한 기호를 만들어 뜻을 나타냈다. 지사문자에는 구체적인 물건의 모양을 본뜬 象形的인 符號가 많이 사용되었으나, 이는 그 물건의 모양을 매개로 그와는 다른 어떤 사물의 성질을 나타내려는 상징적인 도구에 불과하다. 이에 속하는 한자는 전체의 약 0.5%에 불과하다.

예 上, 下, 末, 本 등

3) 회의

회의는 뜻[意]을 모아서[會] 만든 글자이다. 이미 만들어진 글자를 합치되 먼저의 뜻을 살려 새 뜻을 나타낸 것이다. 구조 원리에 따라 異體會意와 同體會意로 양분되며, 전체 한자의 약 3%에 해당한다.

① 異體會意 : 서로 다른 두 개 이상의 문자를 결합한 것

예 旦 : 지평선(一) 위의 해(日), 즉 일출을 나타내며, '아침'을 뜻함

② 同體會意 : 동일자를 두 개 이상 결합한 것

예 炎, 磊, 竝, 昌, 晶, 林, 森, 姦 등

4) 형성

이미 만들어진 글자를 결합하여 새로운 글자를 만드는 방법으로, 한자의 일부분은 뜻을 나타내고, 다른 일부분은 소리를 나타내는 글자이다. 전체 한자의 80% 이상을 차지하며, 우리가 한자를 손쉽게 음독할 수 있는 이유 중에 하나는 대부분의 한자가 형성자이기 때문이다.

① 右聲左義 : 洞(골), 棟(마루), 枯(마르다), 扶(돕다), 碑(돌기둥, 비석)

② 左聲左義 : 頭(머리), 欺(속이다), 郡(고을, 관청), 鳩(비둘기), 郊(성 밖, 외곽)

③ 上聲下義 : 悲(슬프다), 忘(잊다), 想(생각), 慾(欲 - 하고자 하다, 욕심)

④ 下聲上義 : 蓮(連 - 잇다, 연꽃), 箭(화살), 芳(꽃, 향기), 雲(云 - 이르다, 어조사, 구름)

⑤ 內聲外義 : 固(口 - 에우다, 굳다), 園(袁 - 옷 길, 정원, 遠 - 멀다), 閣(문설주)

⑥ 外聲內義 : 聞(듣다), 齋(몸시 노하다, 齊-가지런하다), 辯(말 잘하다, 辨-분별하다)

5) 전주

이미 만들어진 글자를 가지고, 거기에 새로운 뜻을 부여하여 다른 뜻으로 굴리고[轉] 끌어와서[注] 쓰는 문자이다.

예 樂(풍류 악, 즐거울 락, 좋아할 요), 惡(악할 악, 미워할 오) 등

6) 가차

한자 문화권에 외래어가 들어오기 시작하면서 가차자의 숫자도 점차 많아진 실정으로, 가차는 이미 만들어진 글자의 뜻에 상관없이 음이나 모양만을 잠시[假] 빌려서[借] 사용하는 글자이다.

예 亞細亞(Asia), 佛蘭西(France), 羅馬(Rome) 등

3. 부수의 정의와 명칭

1) 부수의 정의

지구상에 존재하는 한자의 정확한 개수는 알 수 없다. 그러나 5만 자 이상이라는 것이 일반적인 학설이라고 할 때, 이 모든 한자는 공통된 형태의 한자들로 분류하여 나눌 수가 있다. 이와 같이 한자의 자획을 공통으로 분류하여 나눈 것을 部首라고 한

다. 부수는 1획부터 17획에 이르기까지 모두 214개의 형태로 이루어져 있는데, 이는 한자의 핵심이자 원칙이 되는 중요한 요소이다.

2) 부수의 명칭

부수는 그 자체의 형태 그대로를 유지하고 있는 것을 제부수라고 하고, 원형에서 변형된 형태로 사용되기도 한다. 또한 부수는 그것이 위치한 자리에 따라서 명칭이 다르게 불리기도 한다.

(1) 부수의 위치

위치	명칭	설명
변	변(邊)	글자의 왼쪽 부분을 이룬다. 예 亻: 修, 價, 供, 伐 등
방	방(傍)	글자의 오른쪽 부분을 이룬다. 예 阝: 邦, 部, 鄉, 郊 등
머리	머리(頭)	글자의 윗부분을 이룬다. 예 宀 : 寒, 實, 宮, 容 등
발	발(脚)	글자의 아래쪽을 이룬다. 예 灬 : 無, 熱, 燕, 熟 등
엄	엄	글자의 위에서 왼쪽으로 걸쳐 있다. 예 广 : 序, 庾, 庫, 庚 등
받침	받침	글자의 왼쪽에서 아래쪽으로 걸쳐 있다. 예 廴 : 廷, 建, 延, 廻 등
몸	몸	글자의 바깥 둘레를 에워싼다. 예 凵 : 凶, 函, 凸, 凹 등
제부수	제부수	글자 전체가 부수이다. 예 山 : 牛, 日 등

(2) 부수의 변형

부수는 그 자체가 독립되어 사용되는 경우보다 글자의 일부로 쓰이는 경우가 많다. 따라서 원형에서 변화된 형태로 많이 사용된다. 예를 들어, '信(믿을 신)'의 부수인 '亻'은 '人'의 변형이다. 다음은 변형된 부수들의 예로서, 반드시 알아 두어야 자전을 활용할 때 도움이 된다.

- 川(내 천) : 巛 → 巡, 巢
- 人(사람 인) : 亻 → 傍, 信, 偶, 側
- 邑(고을 읍) : 阝 → 邦, 都, 郡, 郊
- 心(마음 심) : 忄 → 悟, 性, 恤, 悅
- 示(보일 시) : 礻 → 視, 禮, 神, 祐
- 肉(고기 육) : 月 → 胃, 脚, 腸, 胸
- 火(불 화) : 灬 → 無, 熱, 烏, 烹
- 犬(개 견) : 犭 → 狗, 猛, 獨, 獲
- 老(늙을 로) : 耂 → 考, 者, 耄, 耆
- 刀(칼 도) : 刂 → 分, 別, 到, 判
- 阜(언덕 부) : 阝 → 陳, 陣, 降, 陸
- 手(손 수) : 扌 → 投, 技, 捨, 掃
- 爪(손톱 조) : 爫 → 爭, 爲, 爰, 爵
- 网(그물 망) : 罒, 罓 → 罪, 羅
- 艸(풀 초) : 艹 → 花, 落, 苦, 茄
- 玉(구슬 옥) : 王 → 理, 珍, 瑞, 現
- 衣(옷 의) : 衤 → 裏, 被, 裳, 補
- 辵(쉬엄쉬엄 갈 착) : 辶 → 通, 遠, 達, 遐

한자부수 일람표

1획(6자)	一	丨	丶	丿	乙	亅	2획(23자)	二	亠
	한 **일**	뚫을 **곤**	점 **주**	삐침 **별**	새 **을**	갈고리 **궐**		두 **이**	자의미상 **두**
人(亻)	儿	入	八	冂	冖	冫	几	凵	刀
사람 **인**	어진 사람 **인**	들 **입**	여덟 **팔**	멀 **경**	덮을 **멱**	얼음 **빙**	안석 **궤**	입벌릴 **감**	칼 **도**
力	勹	匕	匚	匸	十	卜	卩	厂	厶
힘 **력**	쌀 **포**	비수 **비**	상자 **방**	감출 **혜**	열 **십**	점 **복**	병부 **절**	언덕 **한**	사사 **사**
又	3획(31자)	口	囗	土	士	夂	夊	夕	大
또 **우**		입 **구**	에울 **위**	흙 **토**	선비 **사**	뒤져서 올 **치**	천천히 걸을 **쇠**	저녁 **석**	큰 **대**

女	子	宀	寸	小	尢	尸	屮	山	巛
여자 여	아들 자	집 면	마디 촌	작을 소	절름발이 왕	주검 시	왼손 좌	뫼 산	내 천
工	己	巾	干	幺	广	廴	廾	弋	弓
장인 공	몸 기	수건 건	방패 간	작을 요	집 엄	길게 걸을 인	받쳐들 공	주살 익	활 궁
彐	彡	彳	4획 (34자)	心(忄)	戈	戶	手(扌)	支	攴(攵)
돼지머리 계	터럭 삼	조금 걸을 척		마음 심	창 과	지게 호	손 수	지탱할 지	칠 복
文	斗	斤	方	无	日	曰	月	木	欠
글월 문	말 두	도끼 근	모 방	없을 무	날 일	가로 왈	달 월	나무 목	하품 흠
止	歹	殳	毋	比	毛	氏	气	水	火
그칠 지	부서진 뼈 알	창 수	말 무	견줄 비	터럭 모	성씨 씨	기운 기	물 수	불 화
爪(爫)	父	爻	爿	片	牙	牛(牜)	犬(犭)	5획 (23자)	玄
손톱 조	아비 부	점괘 효	나뭇조각 장	조각 편	어금니 아	소 우	개 견		검을 현
玉(王)	瓜	瓦	甘	生	用	田	疋	疒	癶
구슬 옥	오이 과	기와 와	달 감	날 생	쓸 용	밭 전	필 필	병들어 누울 녁	걸을 발
白	皮	皿	目	矛	矢	石	示(礻)	禸	禾
흰 백	가죽 피	그릇 명	눈 목	창 모	화살 시	돌 석	보일 시	발자국 유	벼 화
穴	立	6획 (29자)	竹	米	糸	缶	网(罒)	羊	羽
구멍 혈	설 립		대 죽	쌀 미	가는 실 사	장군 부	그물 망	양 양	깃 우
老(耂)	而	耒	耳	聿	肉	臣	自	至	臼
늙을 로	말 이을 이	쟁기 뢰	귀 이	붓 율	고기 육	신하 신	스스로 자	이를 지	절구 구
舌	舛	舟	艮	色	艸(++)	虍	虫	血	行
혀 설	어그러질 천	배 주	머무를 간	빛 색	풀 초	범 호	벌레 충	피 혈	다닐 행
衣(衤)	襾	7획 (20자)	見	角	言	谷	豆	豕	豸
옷 의	덮을 아		볼 견	뿔 각	말씀 언	골 곡	콩 두	돼지 시	맹수 치

貝	赤	走	足	身	車	辛	辰	辵(辶)	邑
조개 패	붉을 적	달릴 주	발 족	몸 신	수레 거	매울 신	별 진	쉬엄쉬엄 갈 착	고을 읍
酉	釆	里	8획 (8자)	金	長	門	阜(阝)	隹	雨
익을 유	분별할 변	마을 리		쇠 금	긴 장	문 문	언덕 부	새 추	비 우
靑	非	9획 (11자)	面	革	韋	韭	音	頁	風
푸를 청	아닐 비		낯 면	가죽 혁	가죽 위	부추 구	소리 음	머리 혈	바람 풍
飛	食	首	香	10획 (8자)	馬	骨	高	髟	鬥
날 비	밥 식	머리 수	향기 향		말 마	뼈 골	높을 고	터럭 발	싸울 투
鬯	鬲	鬼	11획 (6자)	魚	鳥	鹵	鹿	麥	麻
울창주 창	막을 격	귀신 귀		고기 어	새 조	소금밭 로	사슴 록	보리 맥	삼 마
12획 (4자)	黃	黍	黑	黹	13획 (4자)	黽	鼎	鼓	鼠
	누를 황	기장 서	검을 흑	바느질할 치		맹꽁이 맹	솥 정	북 고	쥐 서
14획 (2자)	鼻	齊	15획 (1자)	齒	16획 (2자)	龍	龜	17획 (1자)	龠
	코 비	가지런할 제		이 치		용 룡	거북 구		피리 약

4. 한자 정서법

글씨는 그 사람의 인격을 비추어 주는 거울이라고 한다. 글씨가 그 사람의 됨됨이를 보여 준다고 해도 과언이 아니기에, 가능하면 글씨는 남이 알아볼 수 있도록 정확하고, 가지런하게 쓰는 것이 중요하다.

한글과 한자는 그 외형 자체부터가 많이 상이하다. 한글은 마름모형에 들어가게 글씨를 써야 잘 쓰는 구조이지만, 한자는 그와는 다르게 정사각형 안에 들어간다는 느낌으로 글씨를 쓰는 것이 좋다. 字形 자체가 한글은 수직적인 길이로 이루어진 반면, 한자는 가로와 세로가 대등한 비율로 이루어져 있기에 정사각형 안에 들어간다는 느낌으로 글씨를 쓰는 것이 좋다. 그리고 한자를 쓰는 데 있어서 다음과 같은 원칙을 알아 두면 좀 더 글씨를 정갈하게 쓸 수가 있다.

1) 左下右上의 원칙

한자의 글꼴은 왼쪽보다는 오른쪽이 조금 올라간 형태를 보이고 있다. 다시 말하면, 처음 획을 시작하는 起筆 부분보다 획을 마무리하는 收筆 부분이 조금 더 올라간다는 느낌으로 쓰면 되는 것이다.

예 靑, 培, 球, 授 등

2) 邊小體大의 원칙

한자는 변(또는 방)과 체의 구조로 이루어져 있다. 그러므로 한자를 쓸 때는 변보다는 체를 좀 더 크게 써야 멋스러운 한자의 자형을 이룰 수 있다.

예 綠, 糠, 玟, 講 등

5. 字典 활용 방법

자전은 다른 말로 玉篇이라고도 하는데, 한자를 모아 놓은 일종의 工具書이다. 자전은 한자를 모아서 부수와 획수에 따라서 배열하고, 각 글자마다 뜻과 음을 설명한 사전이다. 자전을 활용하여 한자를 찾는 방법은 다음과 같은 세 가지 방법이 있다.

1) 부수+나머지 획수

한자의 부수를 찾고, 부수를 제외한 나머지 획수를 세어서 찾는 방법이다. 한자의 부수를 활용해서 찾는 방법으로 가장 권장할 만한 방법이다.

2) 음 색인

한자의 음을 색인해서 찾는 방법이다. 앞에서 설명한 바와 같이 약 80%의 한자는 그 글자의 일부분이 소리를 나타내는 형성자로 이루어졌기 때문에 글자의 부수를 모를 때 가장 용이한 방법 중 하나이다.

3) 총획 색인

한자의 부수와 음을 모를 때는 총획 수를 이용하여 찾는다. 이는 자전에 수록된 한자 수가 많고, 총획의 정확한 획수를 세는 것도 쉽지가 않아서 가장 힘든 방법이다.

志向

네덕 내탓

제 2 장

한자어의 이해

1. 기초 한자어

1) 8급용 한자(50자)

한자					
一	一脈	一更	一刀	一介	一石二鳥
한 일	一부 0획 ① 하나 ② 처음 ③ 모조리				
二	二重	二世	二分	二層	二律背反
두 이	二부 0획 ① 둘 ② 같다 ③ 다음				
三	三層	三寸	三國	三千	三旬九食
석 삼	一부 2획 ① 셋 ② 세 번 ③ 자주				
四	四方	四寸	四肢	四面	四面楚歌
넉 사	口부 2획 ① 넷 ② 네 번 ③ 사방				
五	五色	五味	五律	五常	五里霧中
다섯 오	二부 2획 ① 다섯 ② 다섯째 ③ 다섯 번				
六	六朝	六房	六界	六塵	六頭馬車
여섯 륙	八부 2획 ① 여섯 ② 여섯 번				
七	七旬	七珍	七祀	七寶	七顚八起
일곱 칠	一부 1획 ① 일곱 ② 일곱 번				
八	八道	八角	八面	八旗	八方美人
여덟 팔	八부 0획 ① 여덟 ② 여덟 번 ③ 나누다				

九	九泉	九天	九丹	九經	九折羊腸
아홉 구	乙부 1획 ① 아홉 ② 아홉 번 ③ 모으다				
十	十戒	十界	十道	十分	聞一知十
열 십	十부 0획 ① 열 ② 열 번 ③ 전부				
父	父母	父親	父系	祖父	父子有親
아비 부	父부 0획 ① 아버지 ② 남자의 미칭(美稱)				
母	母國	母親	母校	母體	孟母三遷
어미 모	毋부 1획 ① 어미 ② 암컷 ③ 근원				
兄	兄夫	學兄	雅兄	妹兄	難兄難弟
맏 형	儿부 3획 ① 맏이 ② 하물며 ③ 두려워하다				
弟	弟子	妻弟	師弟	妹弟	兄弟姉妹
아우 제	弓부 4획 ① 아우 ② 공손하다 ③ 차례				
東	東洋	東部	東學	極東	東問西答
동녘 동	木부 4획 ① 동쪽 ② 동쪽으로 가다 ③ 주인				
西	西洋	西紀	西方	西海	東西古今
서녘 서	襾부 0획 ① 서녘 ② 서쪽으로 가다 ③ 깃들다				
南	南韓	南側	南道	南面	白骨南行
남녘 남	十부 7획 ① 남녘 ② 남으로 향하다 ③ 임금				

北	北伐	對北	訪北	敗北	北斗七星
북녘 **북** 달아날 **배**	匕부 3획 ① 북녘 ② 달아나다 ③ 배반하다				
大	大略	大要	大概	大形	大同小異
큰 **대**	大부 0획 ① 크다 ② 많다 ③ 고귀하다				
中	中央	中級	集中	途中	十中八九
가운데 **중**	丨부 3획 ① 가운데 ② 마음 ③ 맞다				
小	小論	小數	小說	小雪	小貪大失
작을 **소**	小부 0획 ① 작다 ② 적다 ③ 짧다				
日	日氣	日沒	日盡	日刊	日就月將
날 **일**	日부 0획 ① 해 ② 햇볕 ③ 날의 길이				
月	月刊	月末	月給	每月	看雲步月
달 **월**	月부 0획 ① 달 ② 달빛 ③ 세월				
火	火氣	火器	火傷	火災	風前燈火
불 **화**	火부 0획 ①불 ② 오행(五行)의 하나 ③ 타다				
水	水準	水泳	水質	水害	水魚之交
물 **수**	水부 0획 ① 물 ② 오행의 하나 ③ 평평하게 하다				
木	木材	木手	木造	木花	勸上搖木
나무 **목**	木부 0획 ① 나무 ② 오행의 하나				

金	金錢	黃金	金利	金氏	一攫千金
쇠 금	金부 0획 ① 쇠 ② 오행의 하나 ③ 단단하다				

土	土地	土壤	土器	風土	身土不二
흙 토	土부 0획 ① 흙 ② 오행의 하나 ③ 뿌리				

青	青年	青桐	青龍	丹青	青出於藍
푸를 청	青부 0획 ① 푸르다 ② 푸른 흙 ③ 젊음				

白	白馬	白紙	白髮	獨白	白面書生
흰 백	白부 0획 ① 희다 ② 작위 ③ 말하다				

學	學校	學問	學習	學者	學而時習
배울 학	子부 13획 ① 배우다 ② 학문 ③ 학생				

校	校長	校庭	校書	校監	校策科目
학교 교	木부 6획 ① 학교 ② 생각하다 ③ 달리다				

教	教育	教授	教師	佛教	教學相長
가르칠 교	攵(攴)부 7획 ① 가르치다 ② 교훈 ③ 학교				

室	室長	室溫	居室	客室	巨室世族
집 실	宀부 6획 ① 집 ② 방 ③ 거처				

先	先輩	先頭	先進	先發	先公後私
먼저 선	儿부 4획 ① 먼저 ② 앞서다				

生	生活	生命	生産	生涯	生面不知
날 **생**	生부 0획 ① 나다 ② 낳다 ③ 살다				
韓	韓國	韓藥	駐韓	韓服	大韓每日
나라 **한**	韋부 8획 ① 나라 이름 ② 우물 귀틀				
國	國家	國際	國會	國境	萬里他國
나라 **국**	囗부 8획 ① 나라 ② 도읍 ③ 고향				
軍	軍隊	軍部	軍事	陸軍	陸海空軍
군사 **군**	車부 2획 ① 군사 ② 전투 ③ 진치다				
人	人間	人物	人類	人氣	人生無常
사람 **인**	人부 0획 ① 사람 ② 백성 ③ 남				
王	王朝	王權	王位	王妃	王侯將相
임금 **왕**	玉부 0획 ① 임금 ② 임금 노릇하다 ③ 가다				
民	民族	民衆	民間	庶民	民主主義
백성 **민**	氏부 1획 ① 백성 ② 어둡다 ③ 어리석다				
女	女息	仙女	侍女	孫女	甲男乙女
계집 **녀**	女부 3획 ① 계집 ② 너 ③ 시집보내다				
年	年式	年末	昨年	今年	破瓜之年
해 **년**	干부 3획 ① 해 ② 시대 ③ 나이				

萬	萬物	萬歲	萬若	億萬	落心千萬
일만 만	++(艸)부 9획 ① 다수 ② 결코 ③ 크다				

門	門中	專門	家門	窓門	門前成市
문 문	門부 0획 ① 문 ② 집안 ③ 가문				

山	山脈	山岳	野山	登山	山戰水戰
뫼 산	山부 0획 ① 산 ② 산신 ③ 무덤				

外	外國	外交	外部	外務	奇想天外
바깥 외	夕부 2획 ① 바깥 ② 남 ③ 처가				

長	長官	長短	長期	總長	一長一短
길 장	長부 0획 ① 길다 ② 어른 ③ 멀다				

寸	寸數	寸刻	寸志	寸陰	寸鐵殺人
마디 촌	寸부 0획 ① 마디 ② 조금 ③ 마음				

8급용 한자어 익히기

학 교 국 민 남 한 동 서 남 북

십 만 청 산 부 모 형 제 생 일

대 문 화 산 군 인 일 생 왕 녀

청 백 교 실 일 월 선 생 학 생

외 국 국 외 삼 촌 교 장 민 생

모 녀 청 년 백 금 국 왕 사 촌

국 군 한 국 대 소 대 학 중 학

여 왕 교 생 장 녀 교 문 생 수

대 왕 중 소 왕 국

2) 7급용 한자(100자)

家	家族	家庭	家長	家具	諸子百家
집 가	宀부 7획 ① 가정 ② 아내 ③ 친척				

歌	歌辭	歌謠	詩歌	軍歌	高聲放歌
노래 가	欠부 10획 ① 노래 ② 노래하다 ③ 읊다				

間	間或	間隔	間接	空間	弘益人間
사이 간	門부 4획 ① 틈 ② 사이 ③ 주변				

江	江南	江邊	江村	渡江	錦繡江山
강 강	氵(水)부 3획 ① 강 ② 물 이름 ③ 별 이름				

車	車線	車費	車種	飛車	覆車之戒
수레 거 차 차	車부 0획 ① 수레 ② 수레의 바퀴 ③ 도르래				

工	工夫	工場	工業	施工	妨工害事
장인 공	工부 0획 ① 장인 ② 교묘하다 ③ 일				

空	空間	空氣	空想	空白	色卽是空
빌 공	穴부 3획 ① 비다 ② 구멍 ③ 곤궁하다				

口	口號	口實	食口	港口	糊口之策
입 구	口부 0획 ① 입 ② 어귀 ③ 구멍 난 곳				

氣	氣勢	氣溫	景氣	香氣	浩然之氣
기운 **기**	气부 6획 ① 기운 ② 호흡 ③ 절기				

記	記者	記憶	記錄	記載	大書特記
기록할 **기**	言부 3획 ① 적다 ② 외다 ③ 문서				

旗	旗手	國旗	白旗	軍旗	手旗信號
기 **기**	方부 10획 ① 기 ② 표지 ③ 덮다				

男	男性	男兒	男妹	男便	善男善女
사내 **남**	田부 2획 ① 남자 ② 젊은이 ③ 아들				

內	內容	內面	案內	體內	內憂外患
안 **내**	入부 2획 ① 안 ② 아내 ③ 들이다				

農	農民	農村	農耕	歸農	農不失時
농사 **농**	辰부 6획 ① 농사 ② 농부 ③ 백성				

答	答案	答禮	答狀	對答	默默不答
대답할 **답**	⺮(竹)부 6획 ① 대답하다 ② 대답 ③ 맞추다				

道	道路	道德	道理	鐵道	江湖歌道
길 **도**	辶(辵)부 6획 ① 길 ② 이치 ③ 근원				

冬	冬至	冬眠	冬季	冬服	嚴冬雪寒
겨울 **동**	冫부 3획 ① 겨울 ② 월동 ③ 동면하다				

動	動物	動作	活動	運動	伏地不動
움직일 **동**	力부 9획 ① 움직이다 ② 변하다 ③ 동물				
同	同時	同意	同志	共同	異口同聲
한가지 **동**	口부 3획 ① 한가지 ② 같이하다 ③ 모이다				
洞	洞口	洞長	洞民	洞察	相思洞記
마을 **동** 꿰뚫을 **통**	氵(水)부 6획 ① 골 ② 동굴 ③ 동네				
登	登錄	登場	登記	登用	登高自卑
오를 **등**	癶부 7획 ① 오르다 ② 밟다 ③ 얻다				
來	來往	未來	傳來	由來	說往說來
올 **래**	人부 6획 ① 오다 ② 위로하다 ③ 보리				
力	能力	努力	實力	力說	自力更生
힘 **력**	力부 0획 ① 힘 ② 힘쓰다 ③ 애쓰다				
老	老年	老父	元老	敬老	生老病死
늙을 **로**	老부 0획 ① 늙다 ② 늙은이 ③ 노련하다				
里	洞里	鄕里	千里	里長	生老病死
마을 **리**	里부 0획 ① 마을 ② 거리 ③ 주거				
林	林業	密林	儒林	森林	酒池肉林
수풀 **림**	木부 4획 ① 수풀 ② 들 ③ 야외				

立	立場	而立	對立	獨立	國立公園
설 립	立부 0획 ① 서다 ② 즉위하다 ③ 자리				

每	每週	每番	每回	每時	每事不成
매양 매	毋부 3획 ① 항상 ② 마다 ③ 자주				

面	南面	面積	面貌	面談	人面獸心
낯 면	面부 0획 ① 낯 ② 앞 ③ 표면				

名	名稱	實名	別名	假名	有名無實
이름 명	口부 3획 ① 이름 ② 평판 ③ 유명하다				

命	壽命	運命	革命	知命	命在頃刻
목숨 명	口부 5획 ① 목숨 ② 운수 ③ 명령				

文	文化	文明	文法	文體	文房四友
글월 문	文부 0획 ① 문장 ② 책 ③ 학문				

問	問題	問議	問答	訪問	不恥下問
물을 문	口부 8획 ① 묻다 ② 사람을 찾다				

物	物價	物體	物質	建物	物我一體
물건 물	牛(牜)부 4획 ① 만물 ② 일 ③ 무리				

方	方法	方式	方針	方便	四方八方
모 방	方부 0획 ① 사방 ② 방위 ③ 방법				

百	百姓	百度	百官	百濟	百年河淸
일백 **백**	白부 1획 ① 일백 ② 모든 ③ 힘쓰다				
夫	夫婦	工夫	農夫	漁夫	夫唱婦隨
지아비 **부**	大부 1획 ① 지아비 ② 사내 ③ 일꾼				
不	不足	不道	不當	不淨	不偏不黨
아니 **불**	一부 3획 ① 아니다 ② 금지 ③ 없다				
事	事件	事業	事態	事故	事親以孝
일 **사**	亅부 7획 ① 직업 ② 사물 ③ 섬기다				
算	算數	算定	計算	暗算	算用數字
셈 **산**	⺮(竹)부 8획 ① 셈하다 ② 수효 ③ 계략				
上	上部	上流	祖上	頂上	莫上莫下
위 **상**	一부 2획 ① 위 ② 임금 ③ 오르다				
色	色彩	染色	特色	顔色	巧言令色
빛 **색**	色부 0획 ① 빛깔 ② 모양 ③ 종류				
夕	夕陽	夕食	朝夕	秋夕	朝變夕改
저녁 **석**	夕부 0획 ① 저녁 ② 밤 ③ 밤일				
姓	姓名	姓銜	百姓	易姓	二姓之合
성 **성**	女부 5획 ① 성 ② 씨족 ③ 아들				

世	世界	世紀	世代	世俗	炎涼世態
세상 세	一부 4획 ① 인간 ② 대(代) ③ 시대				

少	少量	少壯	少額	最少	一笑一少
적을 소	小부 1획 ① 적다 ② 모자라다 ③ 젊다				

所	所聞	所得	所謂	所望	適材適所
바 소	戶부 4획 ① 장소 ② 경우 ③ 도리				

手	手段	手術	手法	歌手	手不釋卷
손 수	手부 0획 ① 손 ② 솜씨 ③ 손수				

數	數學	額數	數數	數罟	無量大數
셈 수 자주 삭 촘촘할 촉	攵(攴)부 11획 ① 계산 ② 운수 ③ 수단				

市	市場	市道	市廳	市販	門前成市
저자 시	巾부 2획 ① 시장 ② 거래 ③ 행정구역				

時	時代	時節	時計	當時	年月日時
때 시	日부 6획 ① 때 ② 시세 ③ 시간				

食	食卓	食慾	食器	穀食	門前乞食
먹을 식 밥 사	食부 0획 ① 음식 ② 먹다 ③ 마시다				

植	植物	植民	移植	植樹	植民地化
심을 **식**	木부 8획 ① 심다 ② 꽂다 ③ 재목				

心	心情	心理	眞心	決心	心心相印
마음 **심**	心부 0획 ① 마음 ② 염통 ③ 가슴				

安	安定	安全	安保	安打	安貧樂道
편안할 **안**	宀부 3획 ① 편안하다 ② 편안하게 하다 ③ 즐기다				

語	語調	語頭	語學	語源	語不成說
말씀 **어**	言부 7획 ① 말 ② 말하다 ③ 알리다				

然	當然	自然	天然	果然	其然未然
그러할 **연**	灬(火)부 8획 ① 그러하다 ② 그렇다고 여기다				

午	午前	午後	端午	上午	甲午改革
낮 **오**	十부 2획 ① 낮 ② 일곱째 지지				

右	右側	右派	左右	右腦	右往左往
오른쪽 **우**	口부 2획 ① 위 ② 오른쪽으로 가다 ③ 숭상하다				

有	有罪	有線	共有	保有	有備無患
있을 **유**	月부 2획 ① 가지다 ② 많다 ③ 보유하다				

育	育兒	體育	教育	養育	育成會費
기를 **육**	月(肉)부 4획 ① 자라다 ② 낳다 ③ 만아들				

邑	邑內	邑長	邑城	都邑	邑各不同
고을 **읍**	邑부 0획 ① 마을 ② 도읍 ③ 행정 구역				

入	入住	入院	進入	迎入	四捨五入
들 **입**	入부 0획 ① 들다 ② 들이다 ③ 수입				

子	子正	子孫	電子	利子	梁上君子
아들 **자**	子부 0획 ① 새끼 ② 남자의 미칭 ③ 접미사				

字	字形	字板	黑字	字幕	一字無識
글자 **자**	子부 3획 ① 글자 ② 아이를 배다 ③ 양육하다				

自	自由	自我	自動	自尊	自業自得
스스로 **자**	自부 0획 ① 친히 ② 저절로 ③ 시초				

場	場面	場所	現場	登場	森林浴場
마당 **장**	土부 9획 ① 마당 ② 장터 ③ 시장				

全	全體	全般	全額	全員	學思兼全
온전할 **전**	入부 4획 ① 무사하다 ② 온전히 하다 ③ 전체				

前	前後	直前	事前	前代	前無後無
앞 **전**	刂부 7획 ① 앞 ② 앞서다 ③ 나아가다				

電	電話	電鐵	電氣	電算	巖下之電
번개 **전**	雨부 5획 ① 번개 ② 번쩍이다 ③ 전기				

正	正義	正統	修正	改正	事必歸正
바를 정	止부 1획 ① 바르다 ② 참으로 ③ 정월				

祖	祖國	祖母	元祖	始祖	同祖同根
조상 조	示부 5획 ① 할아비 ② 조상 ③ 사당				

足	充足	滿足	發足	蛇足	安分知足
발 족	足부 0획 ① 발 ② 족하다 ③ 지나치다				

左	左翼	左側	左便	左遷	左右之間
왼 좌	工부 2획 ① 왼쪽 ② 양(陽)				

主	主張	主要	主體	主導	客反爲主
주인 주	丶부 4획 ① 주인 ② 우두머리 ③ 주장하다				

住	住民	住宅	住所	移住	住民登錄
살 주	亻(人)부 5획 ① 살다 ② 생활 ③ 머무르다				

重	重點	重傷	重視	重症	重言復言
무거울 중	里부 2획 ① 무겁다 ② 거듭하다 ③ 많다				

地	地球	地域	地位	地圖	驚天動地
땅 지	土부 3획 ① 땅 ② 국토 ③ 곳				

紙	紙面	便紙	表紙	休紙	紙筆硯墨
종이 지	糸부 4획 ① 종이 ② 종이를 세는 단위				

直	直接	直線	直系	直感	直筆天誅
곧을 직	目부 3획 ① 곧다 ② 맞다 ③ 다만				

千	千金	千萬	千歲	千載	千辛萬苦
일천 천	十부 1획 ① 일천 ② 천 번 ③ 많다				

天	天才	天使	天然	天性	人命在天
하늘 천	大부 1획 ① 하늘 ② 하느님 ③ 임금				

川	川邊	河川	支川	遲川	名山大川
내 천	川부 0획 ① 내 ② 물귀신				

草	草原	草家	雜草	甘草	草綠同色
풀 초	++(艸)부 6획 ① 풀 ② 초원 ③ 잡초				

村	村婦	村老	村鷄	鄕村	千村萬落
마을 촌	木부 3획 ① 마을 ② 촌스럽다				

秋	秋夕	秋收	秋霜	晩秋	秋風落葉
가을 추	禾부 4획 ① 가을 ② 결실 ③ 세월				

春	春分	春蘭	春秋	新春	一場春夢
봄 춘	日부 5획 ① 봄 ② 젊은 때 ③ 움직이다				

出	出馬	出勤	賣出	露出	杜門不出
날 출	凵부 3획 ① 나다 ② 나가다 ③ 내다				

便	便益	便利	便紙	便所	執務便覽
편할 **편** 똥오줌 **변**	亻(人)부 7획 ① 편안하다 ② 편의 ③ 어떤 방향 ④ 분뇨				

平	平和	平均	平等	平野	太平聖代
평평할 **평**	干부 2획 ① 평평하다 ② 바르게 하다 ③ 평정하다				

下	下部	下流	以下	引下	下石上臺
아래 **하**	一부 2획 ① 아래 ② 내리다 ③ 낮추다				

夏	夏至	夏期	立夏	孟夏	夏爐冬扇
여름 **하**	夊부 7획 ① 여름 ② 중국				

漢	漢字	漢陽	漢詩	惡漢	左國史漢
한수 **한**	氵(水)부 11획 ① 한수(漢水) ② 은하수 ③ 사나이				

海	海外	海軍	海底	近海	桑田碧海
바다 **해**	氵(水)부 7획 ① 바다 ② 바닷물 ③ 크다				

花	花草	花郎	花環	花園	錦上添花
꽃 **화**	++(艸)부 4획 ① 꽃 ② 꽃이 피다 ③ 꽃답다				

話	話者	話頭	話術	寓話	建國神話
말할 **화**	言부 6획 ① 말하다 ② 이야기 ③ 다스리다				

活	活動	活用	活字	活氣	死中求活
살 활	氵(水)부 6획 ① 살다 ② 생존하다				

孝	孝道	孝行	孝婦	忠孝	忠孝兩全
효도 효	子부 4획 ① 효도 ② 효도하다				

後	後輩	後悔	後續	後援	前後曲折
뒤 후	彳부 6획 ① 뒤 ② 후세 ③ 늦다				

休	休暇	休息	休戰	連休	萬事休矣
쉴 휴	亻(人)부 4획 ① 쉬다 ② 휴가				

7급용 한자어 익히기

주 인 화 초 문 물 하 교 등 교

등 산 시 장 내 면 내 외 인 간

한 강 춘 추 외 출 출 생 외 면

답 지 시 간 민 간 좌 우 동 력

전 후 효 자 효 녀 동 해 국 가

세 상 전 기 자 문 대 도 발 생

휴 학 입 장 장 소 사 방 왕 자

활 력 활 기 농 토 농 장 식 물

동 물 농 민 문 학 학 문 강 촌

교 기 백 기 교 육 차 주 후 면

전 화 공 군 해 군 천 지 문 답

선 조 조 상 산 수 동 장 면 장

만 사 실 내 실 외 시 민 차 도

노 인 강 산 출 가 자 연 청 색

오 전 오 후 수 족 활 동 내 일

불 편 변 소 편 지 생 명 중 립

중 력 기 력 백 성 성 명 안 전

초 목 민 주 군 가 식 사 지 방

국 립 외 래 명 문 소 문 사 물

주 소 천 연 일 기 가 수 국 어

3) 6급용 한자(150자)

角	角度	角木	時角	直角	角者無齒
뿔 **각**	角부 0획 ① 뿔 ② 뿔을 잡다 ③ 구석				

各	各種	各樣	各處	各地	各界各層
각각 **각**	口부 3획 ① 제각기 ② 여러				

感	感情	感覺	感氣	感謝	感慨無量
느낄 **감**	心부 9획 ① 느끼다 ② 깨닫다 ③ 생각하다				

强	强制	强度	强調	强勢	弱肉强食
강할 **강**	弓부 9획 ① 강하다 ② 굳세다 ③ 힘쓰다				

開	開發	開放	開幕	再開	天地開闢
열 **개**	門부 4획 ① 열다 ② 통하다 ③ 피다				

京	京畿	京鄕	歸京	上京	京華巨族
서울 **경**	亠부 6획 ① 서울 ② 언덕 ③ 크고 높다				

界	世界	限界	政界	他界	三界一心
지경 **계**	田부 4획 ① 지경 ② 한계 ③ 범위				

計	計座	統計	計策	集計	姑息之計
셈할 **계**	言부 2획 ① 세다 ② 계산하다 ③ 계략				

古	古代	古典	古墳	古都	東西古今
옛 고	口부 2획 ① 옛날 ② 낡다 ③ 선조				

高	高度	高速	高價	最高	山高月明
높을 고	高부 0획 ① 높다 ② 높이다 ③ 고상하다				

苦	苦生	苦痛	苦行	苦戰	苦盡甘來
쓸 고	++(艸)부 5획 ① 쓰다 ② 괴롭다 ③ 멀미				

功	功臣	功勞	功過	成功	螢雪之功
공 공	力부 3획 ① 공로 ② 공치사하다 ③ 명예				

公	公演	公開	公園	公約	公平無私
공평할 공	八부 2획 ① 공변되다 ② 드러내다 ③ 공적				

共	共同	共感	共存	共通	共産主義
함께 공	八부 4획 ① 함께 ② 함께 하다 ③ 공손하다				

果	果然	果實	因果	結果	善因善果
실과 과	木부 4획 ① 나무의 열매 ② 결과 ③ 과연				

科	科學	科目	科擧	教科	百科事典
과목 과	禾부 4획 ① 과정 ② 정도				

光	光景	光線	光澤	夜光	和光同塵
빛 광	儿부 4획 ① 빛 ② 빛나다 ③ 윤기				

交	交通	交流	交換	交易	交友以信
사귈 교	亠부 4획 ① 사귀다 ② 엇갈리다 ③ 바꾸다				

區	區分	區域	區別	區間	農工地區
구분할 구	匸부 9획 ① 지경 ② 나누다				

球	球團	球技	球場	投球	球根植物
공 구	玉부 7획 ① 공 ② 구슬 ③ 아름다운 옥				

郡	郡守	郡內	郡民	郡邑	郡縣制度
고을 군	阝(邑)부 7획 ① 고을 ② 군청 ③ 쌓다				

近	近世	近處	接近	側近	近朱者赤
가까울 근	辶(辵)부 4획 ① 가깝다 ② 가까이하다 ③ 친척				

根	根本	根源	根幹	根絶	事實無根
뿌리 근	木부 6획 ① 뿌리 ② 뿌리박다 ③ 사물의 본원(本源)				

今	今方	今年	今時	昨今	今時初聞
이제 금	人부 2획 ① 이제 ② 곧 ③ 만일				

急	急增	急性	急流	急落	焦眉之急
급할 급	心부 5획 ① 급하다 ② 빠르다 ③ 갑자기				

級	級數	高級	進級	階級	信用等級
등급 급	糸부 4획 ① 등급 ② 층계				

多	多幸	多量	過多	最多	多多益善
많을 다	夕부 3획 ① 많다 ② 많아지다 ③ 후하다				
短	短篇	短點	短期	短縮	美人短命
짧을 단	矢부 7획 ① 짧다 ② 부족하다 ③ 모자라다				
堂	明堂	學堂	食堂	書堂	正正堂堂
집 당	土부 8획 ① 집 ② 당당하다				
代	代表	代價	代理	現代	子孫萬代
대신할 대	亻(人)부 3획 ① 대신 ② 교체하다 ③ 번갈다				
待	待接	期待	招待	應待	鶴首苦待
기다릴 대	彳부 6획 ① 기다리다 ② 대접하다 ③ 막다				
對	對答	對策	對應	絶對	刮目相對
대할 대	寸부 11획 ① 대답하다 ② 대하다 ③ 만나다				
度	度數	制度	速度	態度	度外置之
법도 도 헤아릴 탁	广부 6획 ① 법도 ② 한도 ③ 도량				
圖	圖式	圖形	圖表	意圖	十長生圖
그림 도	囗부 11획 ① 그림 ② 꾀하다 ③ 규칙				

讀	讀者	讀法	讀解	誤讀	讀破萬卷
읽을 **독** 이두 **두**	言부 15획 ① 읽다 ② 구두점 ③ 이두				

童	童謠	童僧	神童	惡童	三尺童子
아이 **동**	立부 7획 ① 아이 ② 어리석다				

頭	頭痛	頭腦	話頭	序頭	去頭截尾
머리 **두**	頁부 7획 ① 머리 ② 우두머리 ③ 지혜				

等	等級	等數	平等	差等	劣等意識
무리 **등**	⺮(竹)부 6획 ① 등급 ② 같다 ③ 동아리				

樂	樂器	樂團	快樂	極樂	樂山樂水
즐길 **락** 소리 **악** 좋아할 **요**	木부 11획 ① 음악 ② 즐겁다 ③ 좋아하다				

例	例式	例文	事例	實例	次例次例
법식 **례**	亻(人)부 6획 ① 법식 ② 비슷한 종류 ③ 관례				

禮	禮式	婚禮	茶禮	答禮	喪葬祭禮
예도 **례**	示부 13획 ① 예도 ② 예법 ③ 예식				

路	路線	道路	通路	鐵路	高速道路
길 **로**	𧾷(足)부 6획 ① 도로 ② 도리 ③ 방법				

綠	常綠	綠色	新綠	草綠	綠陰芳草
푸를 **록**	糸부 8획 ① 초록빛 ② 초록빛 비단				
李	李花	李氏	桃李	牛李	張三李四
오얏 **리**	木부 3획 ① 오얏나무 ② 마을				
利	利益	利潤	勝利	權利	見利思義
이로울 **리**	刂(刀)부 5획 ① 날카롭다 ② 편하다 ③ 이롭다				
理	理致	理論	處理	料理	空理空論
다스릴 **리**	玉부 7획 ① 다스리다 ② 길 ③ 도리				
明	明白	明確	名哲	照明	明若觀火
밝을 **명**	日부 4획 ① 밝다 ② 밝히다 ③ 결백하다				
目	目的	目錄	眼目	德目	目不忍見
눈 **목**	目부 0획 ① 눈 ② 보다 ③ 말하다				
聞	新聞	所聞	風聞	見聞	聞一知十
들을 **문**	耳부 8획 ① 듣다 ② 들리다 ③ 방문하다				
米	米飮	米穀	米壽	玄米	歲賜米豆
쌀 **미**	米부 0획 ① 쌀 ② 길이의 단위				
美	美軍	美術	美德	美容	美辭麗句
아름다울 **미**	羊부 3획 ① 아름답다 ② 훌륭하다 ③ 맛나다				

朴	淳朴	素朴	厚朴	質朴	朴淵瀑布
후박나무 **박**	木부 2획 ① 성씨 ② 순박하다 ③ 나무껍질				

反	反對	反省	反映	反射	反面教師
돌이킬 **반**	又부 2획 ① 돌이키다 ② 되돌리다 ③ 배반하다				

半	半島	前半	折半	半裸	弄半眞半
반 **반**	十부 3획 ① 반 ② 조각 ③ 나누다				

班	班長	首班	兩班	班常	班常嫡庶
나눌 **반**	玉부 6획 ① 나누다 ② 헤어지다 ③ 이어지다				

發	發展	發表	發達	發見	怒發大發
필 **발**	癶부 7획 ① 피다 ② 쏘다 ③ 가다				

放	放學	開放	解放	追放	放聲痛哭
놓을 **방**	攵(攴)부 4획 ① 석방하다 ② 불을 지르다 ③ 추방하다				

番	番號	番地	當番	學番	番外競技
차례 **번**	田부 7획 ① 차례 ② 횟수 ③ 개수				

別	別室	別名	別莊	差別	男女有別
다를 **별**	刂(刀)부 5획 ① 나누다 ② 떠나다 ③ 헤어지다				

病	病室	病院	發病	疾病	同病相憐
병 **병**	疒부 5획 ① 질병 ② 근심 ③ 괴로워하다				

服	服飾	服務	服從	衣服	上命下服
옷 복	月부 4획 ① 옷 ② 옷을 입다 ③ 좇다 ④ 약을 먹다				

本	本質	本部	本性	本國	人本主義
근본 본	木부 1획 ① 뿌리 ② 밑동 ③ 근원				

部	部門	部長	部隊	全部	四部大衆
거느릴 부	阝(邑)부 8획 ① 나누다 ② 거느리다 ③ 분류				

分	分野	分析	分明	成分	四分五裂
나눌 분	刀부 2획 ① 나누다 ② 구별하다 ③ 분수				

使	使命	使臣	使者	特使	十二使徒
부릴 사	亻(人)부 6획 ① 부리다 ② 하여금 ③ 사신				

死	死亡	死刑	死後	死者	九死一生
죽을 사	歹부 2획 ① 죽다 ② 사자(死者) ③ 시체				

社	社會	社長	社說	社員	社會福祉
모일 사	示부 3획 ① 토지의 신 ② 제사 이름 ③ 단체				

書	書類	書店	書籍	覺書	四書三經
글 서	日부 6획 ① 책 ② 쓰다 ③ 글자 ④ 글씨				

石	石油	石炭	石塔	碑石	以卵投石
돌 석	石부 0획 ① 돌 ② 비석 ③ 단단하다				

席	席次	首席	參席	坐席	坐不安席
자리 **석**	巾부 7획 ① 자리 ② 깔다 ③ 앉음				
線	無線	曲線	路線	視線	直線走路
줄 **선**	糸부 9획 ① 줄 ② 실				
雪	雪原	雪景	除雪	白雪	螢雪之功
눈 **설**	雨부 3획 ① 눈 ② 눈이 오다 ③ 씻다				
成	成功	成果	成績	形成	三人成虎
이룰 **성**	戈부 3획 ① 이루다 ② 이루어지다 ③ 다스리다				
省	省察	反省	歸省	省略	三省吾身
살필 **성** / 덜 **생**	目부 4획 ① 살피다 ② 조사하다 ③ 덜다 ④ 줄이다				
消	消息	消滅	解消	取消	感性消費
사라질 **소**	氵(水)부 7획 ① 사라지다 ② 사용하다 ③ 쇠하다				
速	速度	速報	時速	過速	欲速不達
빠를 **속**	辶(辵)부 7획 ① 빠르다 ② 신속히 ③ 부르다				
孫	孫女	子孫	後孫	長孫	子子孫孫
손자 **손**	子부 7획 ① 손자 ② 후손 ③ 달아나다				
樹	樹木	樹種	樹林	果樹	一樹百穫
나무 **수**	木부 12획 ① 나무 ② 담장 ③ 심다				

術	藝術	美術	話術	技術	權謀術數
재주 **술**	行부 5획 ① 계략 ② 통로 ③ 재주				

習	習性	習得	習作	實習	童蒙先習
익힐 **습**	羽부 5획 ① 익히다 ② 숙달하다 ③ 익다				

勝	勝利	勝敗	勝率	必勝	百戰百勝
이길 **승**	力부 10획 ① 이기다 ② 낫다 ③ 견디다				

始	始作	始動	始祖	開始	始終一貫
비로소 **시**	女부 5획 ① 처음 ② 시작하다 ③ 처음에				

式	方式	形式	公式	正式	要式行爲
법 **식**	弋부 3획 ① 법 ② 본받다 ③ 의식				

神	神話	神學	精神	鬼神	天地神明
귀신 **신**	示부 5획 ① 신 ② 혼 ③ 마음				

身	身分	身體	身邊	代身	殺身成仁
몸 **신**	身부 0획 ① 신체 ② 자기 ③ 신분				

信	信仰	信念	所信	背信	孝悌忠信
믿을 **신**	亻(人)부 9획 ① 믿다 ② 미쁘다 ③ 진실로				

新	新聞	新婦	新任	革新	溫故知新
새로울 **신**	斤부 9획 ① 새로운 ② 새롭게 하다 ③ 새해				

失	失敗	失業	失望	失策	千慮一失
잃을 실	大부 2획 ① 잃다 ② 잘못 ③ 달아나다				

愛	愛情	愛着	愛憎	友愛	愛之重之
사랑 애	心부 9획 ① 사랑 ② 사랑하다 ③ 가엾게 여기다				

夜	夜學	夜勤	夜景	深夜	錦衣夜行
밤 야	夕부 5획 ① 밤 ② 새벽 ③ 그늘				

野	野黨	野外	野望	平野	山歌野唱
들 야	里부 4획 ① 들판 ② 마을 ③ 촌스럽다				

弱	弱點	弱勢	弱冠	弱骨	弱肉强食
약할 약	弓부 7획 ① 약하다 ② 날씬하다 ③ 어리다				

藥	藥局	藥草	藥效	齒藥	良藥苦口
약 약	++(艸)부 15획 ① 약 ② 화약 ③ 치료하다				

洋	洋酒	洋弓	東洋	海洋	斥洋斥倭
큰 바다 양	氵(水)부 6획 ① 바다 ② 넘치다 ③ 큰 파도				

陽	陽地	陽性	漢陽	夕陽	和風暖陽
볕 양	阝(阜)부 9획 ① 양지 ② 양 ③ 홀수				

言	言論	方言	發言	助言	言語道斷
말씀 언	言부 0획 ① 말씀 ② 직언하다 ③ 말씨				

業	業體	業務	卒業	就業	有業人口
업 업	木부 9획 ① 사업 ② 생계 ③ 순서				

永	永遠	永久	永住	永眠	永訣終天
길 영	水부 1획 ① 길다 ② 오래도록 ③ 노래하다				

英	英語	英雄	英才	英美	英雄豪傑
꽃부리 영	++(艸)부 5획 ① 꽃부리 ② 아름답다 ③ 뛰어나다				

溫	溫泉	溫室	溫度	高溫	三寒四溫
따뜻할 온	氵(水)부 10획 ① 따뜻하다 ② 온화하다 ③ 넉넉하다				

用	用度	所用	信用	使用	無用之物
쓸 용	用부 0획 ① 쓰다 ② 작용 ③ 용도				

勇	勇猛	勇斷	勇退	勇將	勇往直進
날랠 용	力부 7획 ① 용감하다 ② 과감하다 ③ 병사				

運	運動	運命	運行	幸運	運七技三
옮길 운	辶(辵)부 9획 ① 돌다 ② 옮기다 ③ 쓰다				

園	園藝	園長	學園	田園	桃園結義
동산 원	口부 10획 ① 정원 ② 밭 ③ 과수원				

遠	遠近	遠洋	遠視	遠海	敬而遠之
멀 원	辶(辵)부 10획 ① 멀다 ② 무궁하다 ③ 멀리하다				

由	由來	自由	理由	事由	由我之歎
말미암을 유	田부 0획 ① 말미암다 ② 좇다 ③ 이유				
油	油價	油類	原油	注油	油頭粉面
기름 유	氵(水)부 5획 ① 기름 ② 광택				
銀	銀行	銀器	銀杏	銀色	金銀寶貨
은 은	金부 6획 ① 은 ② 돈 ③ 도장				
音	音樂	音聲	音節	發音	訓民正音
소리 음	音부 0획 ① 소리 ② 가락 ③ 음악				
飮	飮食	飮酒	過飮	暴飮	簞食瓢飮
마실 음	食부 4획 ① 마시다 ② 주연(酒宴) ③ 음료				
衣	衣服	衣類	衣裳	衣冠	好衣好食
옷 의	衣부 0획 ① 옷 ② 가리개 ③ 입다				
意	意味	意識	意志	意思	表意文字
뜻 의	心부 9획 ① 의지 ② 생각 ③ 헤아리다				
醫	醫師	醫學	醫院	醫藥	先病者醫
의원 의	酉부 11획 ① 의원 ② 병을 고치다				
者	記者	患者	讀者	著者	百萬長者
놈 자	耂(老)부 5획 ① 놈 ② 경우				

作	作家	作戰	作定	豐作	作心三日
지을 **작**	亻(人)부 5획 ① 짓다 ② 만들다 ③ 일어나다				

昨	昨年	昨今	昨歲	昨日	昨醉未醒
어제 **작**	日부 5획 ① 어제 ② 옛날				

章	文章	樂章	指章	印章	下筆成章
글 **장**	立부 6획 ① 문장 ② 법식 ③ 모범				

才	才能	才幹	才弄	才氣	才子佳人
재주 **재**	扌부 0획 ① 재주 ② 재능이 있는 사람 ③ 기본				

在	在學	在庫	在職	在任	人命在天
있을 **재**	土부 3획 ① 있다 ② 찾다 ③ 살피다				

戰	戰爭	戰略	戰後	內戰	鯨戰蝦死
싸움 **전**	戈부 12획 ① 싸움 ② 전쟁 ③ 두려워하다				

定	定着	定義	定期	規定	昏定晨省
정할 **정**	宀부 5획 ① 결정하다 ② 평정하다 ③ 정해지다				

庭	庭園	家庭	校庭	親庭	秦庭之哭
뜰 **정**	广부 7획 ① 뜰 ② 집안 ③ 조정				

第	第次	落第	及第	登第	天下第一
차례 **제**	⺮(竹)부 5획 ① 차례 ② 차례를 정하다 ③ 계급				

題	題目	問題	話題	課題	表題之件
제목 **제**	頁부 9획 ① 이마 ② 표제 ③ 문제				
朝	朝會	朝鮮	朝廷	朝刊	朝三暮四
아침 **조**	月부 8획 ① 아침 ② 처음 ③ 뵙다				
族	貴族	同族	民族	家族	白衣民族
겨레 **족**	方부 7획 ① 겨레 ② 동포 ③ 무리				
注	注意	注目	注射	注油	孤注一擲
물 댈 **주**	氵(水)부 5획 ① 물을 붓다 ② 모으다 ③ 쏟다				
晝	晝間	白晝	晝餐	晝夜	晝耕夜讀
낮 **주**	日부 7획 ① 낮				
集	集團	集會	集合	收集	離合集散
모일 **집**	隹부 4획 ① 모이다 ② 모으다 ③ 도달하다				
窓	窓門	同窓	學窓	鐵窓	北窓三友
창 **창**	穴부 6획 ① 창 ② 창문 ③ 굴뚝				
清	清掃	清酒	清朝	清溪	百年河清
맑을 **청**	氵(水)부 8획 ① 맑다 ② 맑게 하다 ③ 갚다				
體	體育	體驗	肉體	實體	智德體技
몸 **체**	骨부 13획 ① 신체 ② 수족(手足) ③ 모양				

親	親舊	親族	親切	兩親	四顧無親
친할 **친**	見부 9획 ① 친하다 ② 사랑하다 ③ 어버이				

太	太初	太半	太極	太陽	太平聖代
클 **태**	大부 1획 ① 크다 ② 심하다 ③ 통하다				

通	通話	通路	流通	交通	四通八達
통할 **통**	辶(辵)부 7획 ① 통하다 ② 경유하다 ③ 왕래하다				

特	特性	特別	特定	特惠	大書特筆
특별할 **특**	牜(牛)부 6획 ① 유다르다 ② 달리하다 ③ 특별히				

表	表現	表情	表紙	表記	表裏不同
겉 **표**	衣부 2획 ① 겉 ② 나타내다 ③ 드러내다				

風	風景	風習	風聞	狂風	風樹之嘆
바람 **풍**	風부 0획 ① 바람 ② 바람이 불다 ③ 풍자하다				

合	合格	合意	合同	合作	知行合一
합할 **합**	口부 3획 ① 합하다 ② 일치하다 ③ 모이다				

行	行爲	進行	旅行	行列	言行一致
다닐 **행** 항렬 **항**	行부 0획 ① 가다 ② 지나다 ③ 흐르다				

幸	幸福	幸運	不幸	天幸	千萬多幸
다행 **행**	干부 5획 ① 행복 ② 사랑하다 ③ 즐기다				

向	向方	向後	志向	動向	離村向都
향할 향	口부 3획 ① 향하다 ② 향방(向方) ③ 이전에				
現	現實	現場	現象	現代	慣用表現
나타날 현	玉부 7획 ① 나타나다 ② 현재 ③ 이승				
形	形態	形式	形便	形成	形而上學
모양 형	彡부 4획 ① 형상 ② 용모 ③ 신체				
號	號令	信號	記號	番號	呼父呼兄
이름 호	虍부 7획 ① 부르다 ② 부르짖다 ③ 이름				
和	和合	和解	和睦	調和	和光同塵
화할 화	口부 5획 ① 고르다 ② 화목하다 ③ 화해하다				
畫	畫家	畫面	映畫	錄畫	畫中之餠
그림 화	田부 7획 ① 그림 ② 그리다 ③ 고르다				
黃	黃金	黃砂	黃泉	黃昏	天地玄黃
누를 황	黃부 0획 ① 누르다 ② 누레지다 ③ 황금				
會	會社	會議	會談	集會	會者定離
모일 회	曰부 9획 ① 모이다 ② 모임 ③ 만나다				
訓	訓戒	訓示	訓育	敎訓	顔氏家訓
가르칠 훈	言부 7획 ① 가르치다 ② 인도하다 ③ 경계하다				

6급용 한자어 익히기

감 동 출 발 의 사 의 술 가 계

반 성 신 문 조 손 산 수 낙 원

초 록 도 리 대 답 학 습 집 합

특 별 세 습 약 자 가 정 각 도

합 리 부 분 주 의 발 광 명 화

유 선 강 약 예 식 수 술 안 정

근 본 별 세 병 사 생 활 도 로

신 자 신 동 동 화 개 시 개 방

주 야 개 학 독 서 금 년 출 석

사 업 조 회 발 신 과 수 표 면

양	기	외	과	장	단	사	용	직	선
번	지	등	급	현	재	사	례	약	초
성	공	이	용	야	식	도	형	원	근
편	리	통	로	행	운	야	구	지	구
속	도	승	자	서	식	소	화	운	동
유	래	합	석	사	약	작	금	영	어
문	제	방	학	풍	향	별	명	시	발
형	체	구	급	번	호	예	물	방	심
반	장	동	창	온	도	가	족	제	목
영	국	요	리	동	작	급	수	답	례

4) 5급용 한자(200자)

加	加工	加重	加速	加熱	加減乘除
더할 가	力부 3획 ① 더하다 ② 살다 ③ 베풀다				

可	可能	可望	許可	認可	曰可曰否
옳을 가	口부 2획 ① 옳다 ② 인정하다				

價	價格	價値	評價	物價	同價紅裳
값 가	亻(人)부 13획 ① 시세 ② 값어치 ③ 수				

改	改革	改善	改正	改編	改過遷善
고칠 개	攵부 3획 ① 고치다 ② 바로잡다 ③ 바꾸다				

客	客室	客席	客地	乘客	主客顚倒
손님 객	宀부 6획 ① 손님 ② 여행 ③ 사람				

去	去來	去就	過去	除去	去者必返
갈 거	厶부 3획 ① 가다 ② 떠나다 ③ 없애다				

擧	擧論	擧手	科擧	快擧	公明選擧
들 거	手부 14획 ① 들다 ② 오르다 ③ 움직이다				

件	件數	要件	文件	案件	事事件件
물건 건	亻(人)부 4획 ① 사건 ② 구분하다 ③ 건수				

建	建物	建設	建築	建議	建國神話
세울 **건**	廴부 6획 ① 세우다 ② 엎지르다 ③ 열쇠				

健	健康	健全	健忘	保健	春寒老健
굳셀 **건**	亻(人)부 9획 ① 튼튼하다 ② 굳세다				

格	格式	格言	人格	性格	格物致知
격식 **격**	木부 6획 ① 바로잡다 ② 겨루다 ③ 법칙				

見	見解	見本	識見	謁見	見蚊拔劍
볼 **견** / 보일 **현**	見부 0획 ① 보다 ② 보이다 ③ 나타나다				

決	決定	決心	決意	解決	速戰速決
결단할 **결**	氵(水)부 4획 ① 트다 ② 정하다 ③ 터뜨리다				

結	結果	結婚	結末	結成	結者解之
맺을 **결**	糸부 6획 ① 맺다 ② 잇다				

景	景致	景品	造景	夜景	景勝之地
볕 **경**	日부 8획 ① 햇볕 ② 태양 ③ 밝다				

敬	敬畏	敬拜	敬意	尊敬	敬天愛人
공경 **경**	攵(攴)부 9획 ① 공경 ② 훈계하다 ③ 정중하다				

輕	輕視	輕重	輕車	輕減	民重君輕
가벼울 **경**	車부 7획 ① 가볍다 ② 모자라다 ③ 조급히 굴다				

競	競爭	競起	競選	競走	南風不競
다툴 경	立부 15획 ① 다투다 ② 쫓다 ③ 나아가다				

固	固有	固定	固守	固着	固執不通
굳을 고	口부 5획 ① 굳다 ② 굳히다 ③ 단단하다				

考	考慮	考試	參考	思考	深思熟考
생각할 고	耂(老)부 2획 ① 헤아리다 ② 밝히다 ③ 살펴보다				

告	告發	告白	申告	廣告	以實直告
고할 고 청할 곡	口부 4획 ① 알리다 ② 고발하다 ③ 청하다				

曲	曲線	曲調	曲藝	樂曲	曲學阿世
굽을 곡	曰부 2획 ① 굽다 ② 굽히다 ③ 악곡				

課	課題	課程	課稅	日課	人事考課
매길 과	言부 8획 ① 매기다 ② 조세 ③ 시험하다				

過	過去	過言	通過	超過	過猶不及
지날 과	辶(辵)부 9획 ① 지나다 ② 허물 ③ 잘못하다				

關	關係	關心	關聯	關稅	首尾相關
관계할 관	門부 11획 ① 빗장 ② 잠그다 ③ 관계하다				

觀	觀點	觀客	觀衆	觀光	袖手傍觀
볼 관	見부 18획 ① 보다 ② 드러내다 ③ 경치				

廣	廣告	廣域	廣魚	廣場	人稀地廣
넓을 **광**	广부 12획 ① 넓다 ② 넓히다 ③ 넓이				

橋	橋梁	橋脚	鐵橋	陸橋	軍用浮橋
다리 **교**	木부 12획 ① 다리 ② 굳세다 ③ 빠르다				

具	具體	家具	道具	具備	具眼之士
갖출 **구**	八부 6획 ① 갖추다 ② 그릇 ③ 함께				

救	救援	救助	救護	救國	救濟不能
구원할 **구**	攵(攴)부 7획 ① 돕다 ② 고치다 ③ 막다				

舊	舊式	舊態	新舊	親舊	傾蓋如舊
예 **구**	臼부 12획 ① 옛날 ② 묵다 ③ 오래다				

局	局面	結局	當局	政局	局發地震
판 **국**	尸부 4획 ① 판국 ② 관청				

貴	貴族	貴賤	貴賓	貴下	富貴功名
귀할 **귀**	貝부 5획 ① 귀하다 ② 존경하다 ③ 번영하다				

規	規則	規範	規定	新規	過失相規
법 **규**	見부 4획 ① 법 ② 모범 ③ 둥글다				

給	給與	給食	給水	配給	自給自足
줄 **급**	糸부 6획 ① 넉넉하다 ② 더하다 ③ 공급하다				

己	克己	知己	愛己	利己	修己治人
몸 기	己부 0획 ① 몸 ② 천간(天干)의 여섯째 ③ 다스리다				

技	技術	技法	特技	實技	百工技藝
재주 기	扌(手)부 4획 ① 재주 ② 재능 ③ 기술				

起	起點	起動	起寢	再起	起承轉結
일어날 기	走부 3획 ① 일어나다 ② 출세하다 ③ 기용하다				

基	基本	基礎	基準	基幹	基層文化
터 기	土부 8획 ① 터 ② 비롯하다 ③ 업(業)				

期	期約	期待	時期	學期	一世一期
기약할 기	月부 8획 ① 만나다 ② 정하다 ③ 약속하다				

吉	吉鳥	吉祥	吉日	吉夢	吉凶禍福
길할 길	口부 3획 ① 착하다 ② 좋다 ③ 음력 초하루				

念	念慮	信念	槪念	念佛	一心正念
생각 념	心부 4획 ① 생각 ② 생각하다 ③ 외다				

能	可能	能率	萬能	才能	能小能大
능할 능	月(肉)부 6획 ① 능하다 ② 미치다 ③ 재량				

團	團體	團地	團束	劇團	工業團地
둥글 단	口부 11획 ① 지배하다 ② 모이다 ③ 덩어리				

壇	文壇	敎壇	登壇	講壇	朝鮮詩壇
단 단	土부 13획 ① 단 ② 곳 ③ 뜰				
談	談話	美談	德談	談笑	空理空談
말씀 담	言부 8획 ① 말씀 ② 말하다 ③ 농담하다				
當	當時	手當	當選	當落	萬萬不當
마땅할 당	田부 8획 ① 마당하다 ② 주관하다				
德	德分	德性	德澤	德望	感之德之
덕 덕	彳부 12획 ① 덕 ② 본성 ③ 행위				
到	到着	到達	到處	殺到	讀書三到
이를 도	刂(刀)부 6획 ① 이르다 ② 주도면밀하다 ③ 속이다				
島	島民	島嶼	群島	獨島	絶海孤島
섬 도	山부 7획 ① 섬				
都	都市	都心	首都	遷都	訓練都監
도읍 도	阝(邑)부 9획 ① 도읍 ② 있다 ③ 모이다				
獨	獨立	獨身	獨房	獨斷	鰥寡孤獨
홀로 독	犭(犬)부 13획 ① 홀로 ② 홀몸 ③ 다만				
落	落下	村落	脫落	暴落	烏飛梨落
떨어질 락	++(艸)부 9획 ① 떨어지다 ② 죽다 ③ 버리다				

朗	朗報	明朗	朗月	朗誦	朗家思想
밝을 **랑**	月부 7획 ① 환하다 ② 활달하다 ③ 소리 높이				

冷	冷氣	冷水	寒冷	冷溫	冷凍保存
찰 **랭**	冫부 5획 ① 차다 ② 식히다 ③ 맑다				

良	良書	良民	不良	優良	良禽擇木
어질 **량**	艮부 1획 ① 좋다 ② 뛰어나다 ③ 아름답다				

量	多量	用量	質量	分量	車載斗量
헤아릴 **량**	里부 5획 ① 헤아리다 ② 나누다 ③ 생각하다				

旅	旅行	旅客	行旅	軍旅	逆旅過客
나그네 **려**	方부 5획 ① 나그네 ② 행상 ③ 군사				

歷	歷任	學歷	略歷	經歷	違反履歷
지낼 **력**	止부 12획 ① 지내다 ② 뛰어넘다 ③ 모두				

練	練習	訓練	修練	練磨	一字百鍊
익힐 **련**	糸부 9획 ① 익히다 ② 단련하다 ③ 시험하다				

令	命令	指令	訓令	口令	朝令暮改
하여금 **령**	人부 5획 ① 하여금 ② 부리다 ③ 명령				

領	大領	首領	占領	領土	要領不得
거느릴 **령**	頁부 5획 ① 옷깃 ② 목 ③ 거느리다				

勞	勞苦	勤勞	功勞	過勞	勞心焦思
일할 **로**	力부 10획 ① 일하다 ② 위로하다				

料	資料	無料	飮料	料理	大違所料
헤아릴 **료**	斗부 6획 ① 생각하다 ② 되다 ③ 세다				

流	流行	流通	急流	氣流	光陰如流
흐를 **류**	氵(水)부 7획 ① 흐르다 ② 흘리다 ③ 귀양 보내다				

類	人類	種類	書類	衣類	類類相從
무리 **류**	頁부 10획 ① 무리 ② 동종(同種) ③ 비슷하다				

陸	陸地	陸軍	着陸	離陸	水陸珍品
육지 **륙**	阝(阜)부 8획 ① 육지 ② 언덕 ③ 산꼭대기				

馬	馬夫	馬房	出馬	騎馬	馬耳東風
말 **마**	馬부 0획 ① 말 ② 크다				

末	末端	末年	末尾	終末	末流之弊
끝 **말**	木부 1획 ① 끝 ② 마지막 ③ 신하				

亡	亡國	存亡	敗亡	滅亡	亡羊補牢
망할 **망**	亠부 1획 ① 잃다 ② 없다 ③ 죽다				

望	前望	希望	熱望	信望	一望無際
바랄 **망**	月부 7획 ① 바라다 ② 기다리다 ③ 우러러보다				

買	强買	買收	豫買	購買	本價和賣
살 매	貝부 5획 ① 사다				

賣	賣上	賣場	賣物	競賣	買占賣惜
팔 매	貝부 8획 ① 팔다 ② 속이다 ③ 배신하다				

無	無料	無限	無期	無知	唯一無二
없을 무	灬(火)부 8획 ① 없다 ② 무엇				

倍	倍數	倍加	倍率	百倍	事倍功少
곱 배	亻(人)부 8획 ① 갑절 ② 등지다 ③ 더하다				

法	法律	法院	法案	法則	治外法權
법 법	氵(水)부 5획 ① 법 ② 본받다 ③ 법을 지키다				

變	變化	變動	變更	變形	千變萬化
변할 변	言부 16획 ① 변하다 ② 움직이다 ③ 고치다				

兵	兵長	兵務	兵營	步兵	莫莫强兵
병사 병	八부 5획 ① 군사 ② 무기 ③ 전쟁				

福	福音	福券	幸福	祝福	國利民福
복 복	示부 9획 ① 복 ② 복을 받다 ③ 간직하다				

奉	奉仕	奉養	奉獻	信奉	滅私奉公
받들 봉	大부 5획 ① 받들다 ② 바치다 ③ 기르다				

比	比較	比例	比率	性比	比屋可封
견줄 비	比부 0획 ① 견주다 ② 따르다 ③ 비율				
費	費用	學費	經費	消費	貪汚浪費
쓸 비	貝부 5획 ① 쓰다 ② 비용 ③ 재화				
鼻	鼻音	鼻炎	鼻孔	鼻紋	耳目口鼻
코 비	鼻부 0획 ① 코 ② 구멍 ③ 코 꿰다				
氷	氷河	氷板	氷質	解氷	如履薄氷
얼음 빙	水부 1획 ① 얼음 ② 얼다 ③ 오싹하다				
士	士族	博士	技士	士林	具眼之士
선비 사	士부 0획 ① 선비 ② 벼슬 ③ 남자				
仕	出仕	落仕	勤仕	仕宦	自願奉仕
벼슬 사	亻(人)부 3획 ① 벼슬 ② 섬기다 ③ 살피다				
史	史料	史學	女史	史庫	植民史觀
역사 사	口부 2획 ① 역사 ② 사관(史官) ③ 문장가				
査	査察	調査	踏査	檢査	任用考査
조사할 사	木부 5획 ① 조사하다 ② 사돈				
思	思想	思考	思惟	意思	易地思之
생각 사	心부 5획 ① 생각하다 ② 사모하다 ③ 사랑하다				

寫	寫眞	寫本	複寫	描寫	聲帶模寫
베낄 **사**	宀부 12획 ① 베끼다 ② 그리다 ③ 본뜨다				

産	産物	産地	破産	倒産	不實資産
낳을 **산**	生부 6획 ① 낳다 ② 산물(産物) ③ 출신				

相	相對	相互	相關	相談	相扶相助
서로 **상**	目부 4획 ① 서로 ② 보다 ③ 형상				

商	商品	商店	商業	通商	士農工商
장사 **상**	口부 8획 ① 장사하다 ② 헤아리다 ③ 장사하는 사람				

賞	賞金	賞狀	施賞	受賞	論功行賞
상줄 **상**	貝부 8획 ① 상 ② 상을 주다 ③ 기리다				

序	序列	序文	順序	秩序	長幼有序
차례 **서**	广부 4획 ① 차례 ② 차례를 매기다 ③ 단서				

仙	仙境	仙界	酒仙	神仙	玉骨仙風
신선 **선**	亻(人)부 3획 ① 신선 ② 신선스럽다 ③ 도교				

船	船員	船主	造船	漁船	一葉小船
배 **선**	舟부 5획 ① 배 ② 옷깃				

善	善惡	善心	次善	僞善	善男善女
착할 **선**	口부 9획 ① 착하다 ② 좋아하다 ③ 훌륭하다				

選	選擧	選手	選擇	當選	選民意識
가릴 **선**	辶(辵)부 12획 ① 가리다 ② 뽑다 ③ 세다				

鮮	鮮明	鮮度	新鮮	生鮮	檀君朝鮮
고울 **선**	魚부 6획 ① 곱다 ② 선명하다 ③ 신선하다				

說	說得	說話	傳說	遊說	說往說來
말씀 **설** 기쁠 **열** 달랠 **세**	言부 7획 ① 말씀 ② 기쁘다 ③ 달래다				

性	性格	性質	個性	理性	俗物根性
성품 **성**	忄(心)부 5획 ① 성품 ② 성질 ③ 생명				

洗	洗手	洗禮	洗濯	洗顔	以血洗血
씻을 **세**	氵(水)부 6획 ① 씻다 ② 깨끗하다 ③ 신선하다				

歲	歲月	歲拜	歲暮	萬歲	歲時風俗
해 **세**	止부 9획 ① 해 ② 새해 ③ 세월				

束	束縛	結束	團束	拘束	束手無策
묶을 **속**	木부 3획 ① 묶다 ② 묶음 ③ 약속하다				

首	首席	首相	首領	船首	首尾一貫
머리 **수**	首부 0획 ① 머리 ② 첫머리 ③ 우두머리				

宿	宿題	宿所	宿命	宿泊	風餐露宿
잘 숙 별자리 수	宀부 8획 ① 묵다 ② 오래다 ③ 별자리				

順	順序	順理	順應	耳順	名正言順
순할 순	頁부 3획 ① 순하다 ② 좇다 ③ 잇다				

示	示威	示範	明示	暗示	微示其意
보일 시	示부 0획 ① 보이다 ② 가르치다 ③ 알리다				

識	知識	常識	認識	標識	寡聞淺識
알 식 적을 지	言부 12획 ① 알다 ② 적다 ③ 표지				

臣	臣下	使臣	忠臣	功臣	君臣有義
신하 신	臣부 0획 ① 신하 ② 섬기다 ③ 거느리다				

實	實驗	實情	實施	眞實	實事求是
열매 실	宀부 11획 ① 열매 ② 실하다 ③ 실행하다				

兒	兒童	幼兒	育兒	迷兒	熱血男兒
아이 아	儿부 6획 ① 아이 ② 연약하다				

惡	惡化	惡臭	惡意	惡寒	勸善懲惡
악할 악 미워할 오	心부 8획 ① 악하다 ② 사납다 ③ 미워하다				

案	案內	答案	法案	妙案	螢窓雪案
책상 안	木부 6획 ① 책상 ② 밥상 ③ 생각하다				
約	約束	約定	協約	違約	百年佳約
맺을 약	糸부 3획 ① 묶다 ② 약속하다 ③ 신표(信標)				
養	養成	養子	養育	養老	培養英才
기를 양	食부 6획 ① 기르다 ② 사육하다 ③ 봉양하다				
魚	魚種	魚物	魚腸	人魚	魚頭肉尾
물고기 어	魚부 0획 ① 고기 ② 고기잡이하다				
漁	漁場	漁村	漁具	漁船	漁父之利
고기잡을 어	氵(水)부 11획 ① 고기를 잡다 ② 고기잡이 ③ 어부				
億	億萬	億臺	億兆	數億	億萬蒼生
억 억	亻(人)부 13획 ① 억 ② 편안하다 ③ 헤아리다				
熱	熱情	熱誠	熱意	熱氣	以熱治熱
더울 열	灬(火)부 11획 ① 덥다 ② 더워지다 ③ 열				
葉	葉書	葉錢	初葉	落葉	金枝玉葉
잎 엽	艹(艸)부 9획 ① 잎 ② 갈래 ③ 땅 이름				
屋	屋外	屋塔	韓屋	社屋	三間草屋
집 옥	尸부 6획 ① 집 ② 지붕				

完	完全	完納	完了	完治	完如盤石
완전할 **완**	宀부 4획 ① 완전하다 ② 완전하게 하다 ③ 단단하다				

要	要素	要請	要點	必要	要領不得
구할 **요**	襾부 3획 ① 구하다 ② 원하다 ③ 얻다				

曜	曜日	日曜	曜靈	九曜	日曜作家
빛날 **요**	日부 14획 ① 빛나다 ② 빛 ③ 빛내다				

浴	浴室	浴湯	沐浴	坐浴	浴沂之樂
목욕할 **욕**	氵(水)부 7획 ① 목욕하다 ② 목욕				

牛	牛乳	牛馬	牛黃	韓牛	牛耳讀經
소 **우**	牛부 0획 ① 소 ② 무릅쓰다 ③ 별 이름				

友	友情	友好	友邦	學友	朋友有信
벗 **우**	又부 2획 ① 벗 ② 벗하다 ③ 우애				

雨	雨水	雨衣	降雨	穀雨	雨後竹筍
비 **우**	雨부 0획 ① 비 ② 비가 오다				

雲	雲霧	戰雲	風雲	雲集	雲雨之情
구름 **운**	雨부 4획 ① 구름 ② 습기				

雄	雄辯	雄飛	雌雄	聖雄	群雄割據
수컷 **웅**	隹부 4획 ① 수컷 ② 이기다 ③ 우수하다				

元	元來	元年	還元	元旦	開通元寶
으뜸 **원**	儿부 2획 ① 으뜸 ② 근원 ③ 크다				

院	院長	院兒	病院	學院	育英公院
집 **원**	阝(阜)부 7획 ① 집 ② 단단하다 ③ 동산				

原	原理	原論	原料	原作	原則論者
언덕 **원**	厂부 8획 ① 언덕 ② 근원 ③ 찾다				

願	哀願	祝願	發願	請願	平生之願
원할 **원**	頁부 10획 ① 원하다 ② 부러워하다 ③ 소원				

位	位置	位相	職位	學位	尸位素餐
자리 **위**	亻(人)부 5획 ① 자리 ② 자리 잡다 ③ 지위				

偉	偉業	偉容	偉大	偉容	偉人傳記
클 **위**	亻(人)부 9획 ① 거룩하다 ② 크나 ③ 성하다				

以	以上	以前	以後	所以	以心傳心
써 **이**	人부 3획 ① ~으로써 ② 하다 ③ 거느리다				

耳	耳順	耳鳴	耳痛	耳管	耳目口鼻
귀 **이**	耳부 0획 ① 귀 ② 듣다				

因	因緣	死因	敗因	原因	因果應報
인할 **인**	口부 3획 ① 인하다 ② 말미암다 ③ 의지하다				

任	任務	任期	退任	責任	萬里之任
맡길 **임**	亻(人)부 4획 ① 맡기다 ② 맞다 ③ 마음대로 하다				
材	材料	材質	教材	資材	將相之材
재목 **재**	木부 3획 ① 재목 ② 원료 ③ 성질				
財	財産	財物	財務	蓄財	公共之財
재물 **재**	貝부 3획 ① 재물 ② 녹(祿) ③ 마르다				
再	再起	再發	再現	再修	再三再四
두 **재**	冂부 4획 ① 둘 ② 거듭하다				
災	災害	災殃	災難	産災	舞馬之災
재앙 **재**	火부 3획 ① 재앙 ② 응징하다 ③ 해치다				
爭	爭點	爭取	鬪爭	競爭	犬免之爭
다툴 **쟁**	爫(爪)부 4획 ① 다투다 ② 소송하다				
貯	貯蓄	貯金	貯藏	貯水	貯藏能力
쌓을 **저**	貝부 5획 ① 쌓다 ② 두다				
赤	赤子	赤色	赤旗	赤貧	近朱者赤
붉을 **적**	赤부 0획 ① 붉다 ② 발가숭이 ③ 비다				
的	的中	目的	私的	病的	非正常的
과녁 **적**	白부 3획 ① 과녁 ② 표준 ③ 요점				

典	典型	古典	典例	祝典	經國大典
법 **전**	八부 6획 ① 법 ② 책 ③ 가르침				

展	展望	展開	展示	進展	展覽會場
펼 **전**	尸부 7획 ① 펴다 ② 늘이다 ③ 중히 여기다				

傳	傳統	傳達	傳說	傳乘	父傳子傳
전할 **전**	亻(人)부 11획 ① 전하다 ② 이어받다 ③ 전기(傳記)				

切	切斷	切下	一切	親切	帝王切開
끊을 **절** 모두 **체**	刀부 2획 ① 끊다 ② 갈다 ③ 적절하다				

節	節次	節氣	節減	節約	禮儀凡節
마디 **절**	⺮(竹)부 9획 ① 마디 ② 절개 ③ 규칙				

店	店員	支店	書店	商店	店頭裝飾
가게 **점**	广부 5획 ① 가게 ② 여관				

停	停止	停年	停電	停戰	人命不停
머무를 **정**	亻(人)부 9획 ① 머무르다 ② 멈추다 ③ 그만두다				

情	情報	情況	友情	感情	人之常情
뜻 **정**	忄(心)부 8획 ① 뜻 ② 욕심 ③ 바람				

調	調和	調節	調理	語調	時節歌調
고를 **조**	言부 8획 ① 고르다 ② 뽑다 ③ 아침				

操	操作	操縱	操心	志操	操弄國柄
잡을 조	扌(手)부 13획 ① 잡다 ② 부리다 ③ 절조				

卒	卒業	卒兵	卒年	軍卒	烏合之卒
마칠 졸	十부 6획 ① 군사 ② 하인 ③ 집단				

終	終了	終結	終末	終身	堅忍至終
마칠 종	糸부 5획 ① 끝나다 ② 죽다 ③ 마침내				

種	種類	種族	滅種	特種	種豆得豆
씨 종	禾부 9획 ① 씨 ② 심다 ③ 갖가지				

罪	罪囚	罪惡	有罪	犯罪	有錢無罪
허물 죄	罒(网)부 8획 ① 허물 ② 형벌 ③ 벌주다				

州	州縣	忠州	清州	濟州	公州山城
고을 주	川부 3획 ① 고을 ② 마을 ③ 나라				

週	週末	週刊	週間	週期	週五日制
돌 주	辶(辵)부 8획 ① 돌다 ② 주일				

止	禁止	防止	制止	停止	行動擧止
그칠 지	止부 4획 ① 그치다 ② 금하다 ③ 붙들다				

知	知識	知能	知覺	知性	知行一致
알 지	矢부 3획 ① 알다 ② 인정하다 ③ 슬기				

質	質問	體質	性質	低質	文質彬彬
바탕 **질**	貝부 8획 ① 바탕 ② 진실 ③ 순박하다				

着	着用	着陸	執着	定着	自家撞着
붙을 **착**	目부 7획 ① 붙다 ② 입다 ③ 놓다				

參	參與	參加	參考	參拾	亦參其中
참가할 **참** 석 **삼**	厶부 9획 ① 참여하다 ② 헤아리다 ③ 셋				

唱	唱歌	唱法	合唱	名唱	萬歲三唱
부를 **창**	口부 8획 ① 부르다 ② 노래				

責	責任	責務	問責	叱責	無情之責
꾸짖을 **책**	貝부 4획 ① 꾸짖다 ② 책임 ③ 책망				

鐵	鐵道	鐵絲	鐵門	鐵路	鐵面皮漢
쇠 **철**	金부 13획 ① 쇠 ② 검다 ③ 단단하다				

初	初期	初代	初步	始初	自初至終
처음 **초**	刀부 5획 ① 처음 ② 첫 ③ 비로소				

最	最近	最高	最善	最後	最小限度
가장 **최**	日부 8획 ① 가장 ② 모두 ③ 최상				

祝	祝祭	祝賀	祝福	慶祝	仰天祝手
빌 **축**	示부 5획 ① 빌다 ② 원하다 ③ 축하하다				

充	充電	充當	充滿	充血	汗牛充棟
채울 **충**	儿부 4획 ① 차다 ② 채우다 ③ 막다				
致	致誠	致仕	理致	景致	無力所致
이룰 **치**	至부 4획 ① 이루다 ② 이르다 ③ 극치				
則	法則	學則	反則	罰則	六何原則
법칙 **칙** / 곧 **즉**	刂(刀)부 7획 ① 법칙 ② 곧 ③ 천리(天理)				
他	他者	他國	他律	利他	他山之石
다를 **타**	亻(人)부 3획 ① 다르다 ② 겹치다 ③ 타인				
打	打開	打席	打擊	强打	縛之打之
칠 **타**	扌(手)부 2획 ① 치다 ② 공격하다 ③ 공을 차다				
卓	卓子	卓球	圓卓	食卓	卓上空論
높을 **탁**	十부 6획 ① 높다 ② 뛰어나다 ③ 탁자				
炭	炭素	炭鑛	石炭	煉炭	氷炭之間
숯 **탄**	火부 5획 ① 숯 ② 재 ③ 탄소				
宅	宅配	家宅	宅內	貴宅	寸田尺宅
집 **택** / 댁 **댁**	宀부 3획 ① 집 ② 댁 ③ 무덤				
板	板子	板本	氷板	登板	如印一板
널빤지 **판**	木부 4획 ① 널빤지 ② 판목(板木)				

敗	敗北	敗戰	腐敗	成敗	亡徵敗兆
패할 패	攵(攴)부 7획 ① 패하다 ② 망하다 ③ 썩다				

品	品質	品目	物品	作品	九品淨土
물건 품	口부 6획 ① 물건 ② 등급 ③ 등급을 매기다				

必	必要	必須	必然	必勝	事必歸正
반드시 필	心부 1획 ① 반드시 ② 기필하다 ③ 오로지				

筆	筆者	筆記	隨筆	代筆	一筆揮之
붓 필	⺮(竹)부 6획 ① 붓 ② 쓰다 ③ 글씨				

河	河川	河馬	氷河	大河	百年河淸
강 이름 하	氵(水)부 5획 ① 강 이름 ② 내				

寒	寒波	寒食	寒冷	惡寒	孤枕寒燈
찰 한	宀부 9획 ① 차다 ② 오싹하다 ③ 가난하다				

害	害惡	損害	傷害	妨害	百害無益
해칠 해	宀부 7획 ① 해치다 ② 손해 ③ 시기하다				

許	許可	許容	特許	免許	豫測不許
허락할 허	言부 4획 ① 허락하다 ② 따르다 ③ 약속하다				

湖	湖水	湖畔	湖南	湖海	江湖煙波
호수 호	氵(水)부 9획 ① 호수				

化	化學	化粧	强化	深化	千變萬化
될 화	匕부 2획 ① 화하다 ② 가르치다 ③ 태어나다				

患	患者	患部	疾患	病患	內憂外患
근심 환	心부 7획 ① 근심 ② 근심하다 ③ 앓다				

效	效果	效率	效驗	特效	百藥無效
본받을 효	攵(攴)부 6획 ① 본받다 ② 주다 ③ 드리다				

凶	凶年	凶器	凶物	吉凶	奸凶計毒
흉할 흉	凵부 2획 ① 흉하다 ② 재앙 ③ 흉년				

黑	黑字	黑色	黑點	暗黑	近墨者黑
검을 흑	黑부 0획 ① 검다 ② 검은 빛 ③ 검게 되다				

5급용 한자어 익히기

독	립	효	과	상	품	조	사	축	복
열	망	착	륙	요	망	선	악	패	망
종	말	최	신	성	격	참	석	영	웅
약	속	종	류	온	정	봉	사	합	창
관	광	경	치	경	중	허	가	규	칙
가	격	주	야	교	육	법	칙	완	결
덕	담	당	연	반	대	태	양	이	유
성	질	순	서	건	전	탁	구	설	명
한	복	노	고	시	장	역	사	지	식
종	착	여	행	시	조	효	력	양	육

주	택	수	도	경	쟁	신	록	승	패
병	원	음	식	예	절	격	식	운	집
낙	엽	사	건	우	정	전	설	선	거
감	정	절	약	재	료	광	야	재	물
명	절	철	창	필	법	서	류	과	열
표	지	대	화	패	배	죄	악	은	행
낙	원	회	담	오	한	원	장	친	애
용	무	독	특	축	원	촌	락	책	망
음	악	미	술	행	상	화	답	말	기
술	수	화	술	고	급	충	족	도	래

2. 상식 한자어

1) 속담 한자어

1	가는 말이 고와야 오는 말이 곱다	去語固美 來語方好 來語不美 去語何美
2	같은 값이면 다홍치마	同價紅裳
3	계란으로 바위 치기	以卵投石
4	고래 싸움에 새우 등 터진다	鯨戰蝦死
5	그림의 떡	畵中之餠
6	까마귀 날자 배 떨어진다	烏飛梨落
7	낫 놓고 기역자도 모른다	目不識丁
8	내 코가 석 자다	吾鼻三尺
9	달리는 말에 채찍질하기	走馬加鞭
10	등잔 밑이 어둡다	燈下不明
11	말이 말 같지 않다	語不成說
12	말 타고 산 보기	走馬看山
13	모기 보고 칼 빼든다	見蚊拔劍
14	발 없는 말이 천 리 간다	言飛千里
15	세 살 버릇 여든까지 간다	三歲之習 至于八十
16	새 발의 피	鳥足之血
17	쇠귀에 경 읽기	牛耳讀經
18	아랫돌 빼서 윗돌 괴고, 윗돌 빼서 아랫돌 괴기	下石上臺
19	아 다르고 어 다르다	於異阿異
20	언 발에 오줌 누기	凍足放尿
21	외손뼉이 소리 나랴	孤掌難鳴
22	우물 안 개구리	井底之蛙
23	윗물이 맑아야 아랫물이 맑다	上濁下不淸

24	이미 지나간 일	已往之事
25	일각이 삼추 같다	一刻如三秋
26	일은 반드시 바름으로 돌아온다	事必歸正
27	입이 열 개라도 할 말이 없다	有口無言
28	티끌 모아 태산이다	塵合泰山
29	손님이 도리어 주인 노릇 한다	客反爲主
30	갈치가 갈치 꼬리 문다	同族相殘
31	고생 끝에 낙이 온다	苦盡甘來
32	고양이 목에 방울 달기	猫頭懸鈴
33	귀에 걸면 귀걸이, 코에 걸면 코걸이	耳懸鈴鼻懸鈴
34	남이 친 장단에 엉덩이 춤 춘다	附和雷同
35	누워서 떡 먹기	囊中取物
36	눈 가리고 아웅 한다	姑息之計
37	대청 빌려주니 안방 빌리자고 한다	借廳借閨
38	불면 꺼질까 쥐면 터질까	金枝玉葉
39	비단옷 입고 밤길 가기	錦衣夜行
40	서당 개 삼 년에 풍월을 읊는다	堂狗風月
41	소 잃고 외양간 고친다	亡羊補牢
42	손도 안 대고 코 풀려고 한다	守株待兎
43	십 년이면 강산도 변한다	桑田碧海
44	엎친 데 덮친 격	雪上加霜
45	원님 덕에 나팔 분다	狐假虎威
46	임도 보고 뽕도 따고	一擧兩得
47	입술이 없으면 이가 시리다	脣亡齒寒
48	자라 보고 놀란 가슴 솥뚜껑 보고 놀란다	吳牛喘月
49	제 논에 물 대기	我田引水
50	홀아비 사정은 과부가 안다	同病相憐

51	말 속에 뼈가 있다	言中有骨
52	죽은 자식 나이 세기	亡子計齒
53	하룻강아지 범 무서운 줄 모른다	一日之狗, 不知畏虎
54	열 길 물속은 알아도 한 길 사람 속은 모른다	水深可知, 人心難知
55	남의 잔치에 배 놓아라 감 놓아라 한다	他人之宴, 曰梨曰柿
56	말 타면 종 부리고 싶다	騎馬欲率奴
57	한강에 돌 던지기	漢江投石
58	겉 다르고 속 다르다	面從腹背

2) 동자 이음어

車	수레	거	車馬費	更	고치다	경	更張, 更新
	차, 성	차	車庫, 車氏		다시	갱	更新
見	보다	견	見聞, 識見	金	쇠, 금	금	金庫
	뵙다	현	謁見		성, 땅	김	金氏, 金浦
茶	차	다	茶房	度	법도	도	程度
	차	차	綠茶, 茶禮		헤아리다	탁	度地, 料度
洞	고을	동	洞里	北	북녘	북	南北, 北向
	꿰뚫다	통	洞察		달아나다	배	敗北
塞	변방	새	要塞	率	거느리다	솔	統率
	막다	색	閉塞		비율	율	比率, 效率
宿	자다	숙	宿泊	宅	댁	댁	宅內
	별자리	수	星宿		집	택	宅配, 住宅
讀	읽다	독	讀書	殺	죽이다	살	殺人
	구절	두	吏讀		빠르다, 덜다	쇄	殺到, 相殺

索	찾다	색	索引	省	살피다	성	省察
	삭막하다	삭	索莫		덜다	생	省略
拾	줍다	습	拾得	食	먹다	식	飮食
	열	십	拾萬		밥	사	簞食
惡	악하다	악	善惡, 惡行	識	알다	식	認識
	미워하다	오	憎惡, 惡寒		기록하다	지	標識
易	쉽다	이	容易	狀	문서	장	賞狀
	바꾸다	역	交易, 貿易		모양	상	狀態
切	끊다	절	親切	辰	별	진	甲辰
	모두	체	一切		나다	신	生辰
參	참여하다	참	參席	著	짓다	저	著書
	셋	삼	參拾		입다, 붙다	착	附著
則	곧	즉	然則	便	편리하다	편	便利
	법칙	칙	法則, 規則		똥오줌	변	便所
降	내리다	강	昇降機	沈	잠기다	침	沈沒
	항복하다	항	降伏, 投降		성씨	심	沈淸傳
行	다니다	행	行人	暴	사납다	포	暴惡
	항렬	항	行列		드러내다	폭	暴露
咽	목구멍	인	咽喉	葉	잎사귀	엽	落葉
	목메다	열	嗚咽		성씨	섭	葉氏
糖	엿	당	糖分	內	안	내	內部
	엿	탕	砂糖		나인	나	內人
復	다시	부	復活	拓	열다	척	開拓
	회복하다	복	復舊		밀치다	탁	拓本

龜	땅 이름	구	龜尾	說	말씀	설	說明
	거북	귀	龜鑑, 龜船		기쁘다	열	不亦說乎
	터지다	균	龜裂		달래다	세	遊說
數	셈하다	수	數學	樂	즐겁다	락	快樂
	자주	삭	數數		음악	악	音樂
	빽빽하다	촉	數罟		좋아하다	요	樂山樂水

3) 유의어와 반의어

(1) 유의어

- 改良(개량) - 改善(　　　　)
- 九泉(구천) - 黃泉(　　　　)
- 誠意(성의) - 眞心(　　　　)
- 永遠(영원) - 永久(　　　　)
- 志願(지원) - 志望(　　　　)
- 招待(조대) - 招請(　　　　)
- 許可(허가) - 認可(　　　　)
- 他界(타계) - 永眠(　　　　)
- 說明(설명) - 解說(　　　　)
- 命中(명중) - 的中(　　　　)
- 加工(가공) - 人工(　　　　)
- 家屋(가옥) - 屋舍(　　　　)
- 達成(달성) - 成就(　　　　)
- 外觀(외관) - 外見(　　　　)
- 原因(원인) - 理由(　　　　)
- 固守(고수) - 墨守(　　　　)
- 古稀(고희) - 從心(　　　　)
- 求婚(구혼) - 請婚(　　　　)
- 曲解(곡해) - 誤解(　　　　)
- 根幹(근간) - 基礎(　　　　)
- 器量(기량) - 才能(　　　　)
- 管見(관견) - 短見(　　　　)
- 短命(단명) - 薄命(　　　　)
- 待遇(대우) - 處遇(　　　　)
- 晩年(만년) - 老年(　　　　)
- 傍觀(방관) - 坐視(　　　　)
- 模範(모범) - 龜鑑(　　　　)
- 反逆(반역) - 謀反(　　　　)
- 凡夫(범부) - 俗人(　　　　)
- 普遍(보편) - 一般(　　　　)

- 始祖(시조) - 鼻祖(　　　)
- 進退(진퇴) - 去就(　　　)
- 未開(미개) - 原始(　　　)
- 平素(평소) - 平常(　　　)
- 決心(결심) - 覺悟(　　　)
- 當到(당도) - 到達(　　　)
- 領域(영역) - 分野(　　　)
- 留級(유급) - 落第(　　　)
- 尊稱(존칭) - 敬稱(　　　)
- 脅迫(협박) - 威脅(　　　)
- 劃一(획일) - 一律(　　　)
- 任意(임의) - 恣意(　　　)
- 倫理(윤리) - 道德(　　　)
- 丹粧(단장) - 化粧(　　　)
- 承諾(승낙) - 許諾(　　　)
- 强風(강풍) - 猛風(　　　)
- 鼓吹(고취) - 鼓舞(　　　)
- 狀況(상황) - 情勢(　　　)
- 勞作(노작) - 力作(　　　)
- 旅館(여관) - 客舍(　　　)
- 喜樂(희락) - 喜悅(　　　)
- 緩急(완급) - 遲速(　　　)
- 蒼空(창공) - 碧空(　　　)
- 滯佛(체불) - 滯納(　　　)
- 情趣(정취) - 風情(　　　)
- 昇進(승진) - 榮轉(　　　)
- 我軍(아군) - 友軍(　　　)
- 所望(소망) - 念願(　　　)
- 散策(산책) - 散步(　　　)
- 同意(동의) - 贊成(　　　)
- 零落(영락) - 衰落(　　　)
- 運送(운송) - 通運(　　　)
- 操心(조심) - 注意(　　　)
- 抱負(포부) - 雄志(　　　)
- 贊反(찬반) - 可否(　　　)
- 評論(평론) - 批評(　　　)
- 維新(유신) - 革新(　　　)
- 氣品(기품) - 品格(　　　)
- 武術(무술) - 武藝(　　　)
- 首尾(수미) - 始終(　　　)
- 貢獻(공헌) - 寄與(　　　)
- 發端(발단) - 始作(　　　)
- 白眉(백미) - 壓卷(　　　)
- 大河(대하) - 長江(　　　)
- 美酒(미주) - 佳酒(　　　)
- 幼稚(유치) - 未熟(　　　)
- 幣物(폐물) - 禮物(　　　)
- 統領(통령) - 統率(　　　)
- 治粧(치장) - 裝飾(　　　)
- 贊助(찬조) - 協贊(　　　)

(2) 유의 결합어

- 試驗 : 試(시험 시) ↔ 驗(증험할 험)
- 樹木 : 樹(나무 수) ↔ 木(나무 목)
- 省察 : 省(살필 성) ↔ 察(살필 찰)
- 顔面 : 顔(얼굴 안) ↔ 面(얼굴 면)
- 可能 : 可(가할 가) ↔ 能(능할 능)
- 江河 : 江(강 강) ↔ 河(물 하)
- 空虛 : 空(빌 공) ↔ 虛(빌 허)
- 過去 : 過(지날 과) ↔ 去(갈 거)
- 記錄 : 記(기록할 기) ↔ 錄(기록할 록)
- 承繼 : 承(이을 승) ↔ 繼(이을 계)
- 始初 : 始(처음 시) ↔ 初(처음 초)
- 考慮 : 考(생각할 고) ↔ 慮(생각할 려)
- 牽引 : 牽(끌 견) ↔ 引(끌 인)
- 兒童 : 兒(아이 아) ↔ 童(아이 동)
- 洗濯 : 洗(씻을 세) ↔ 濯(씻을 탁)
- 善良 : 善(착할 선) ↔ 良(좋을 량)
- 連續 : 連(이을 연) ↔ 續(이을 속)
- 溫暖 : 溫(따뜻할 온) ↔ 暖(따뜻할 난)
- 恩惠 : 恩(은혜 은) ↔ 惠(은혜 혜)
- 意思 : 意(뜻 의) ↔ 思(생각 사)
- 衣服 : 衣(옷 의) ↔ 服(옷 복)
- 哀悼 : 哀(슬플 애) ↔ 悼(슬퍼할 도)
- 書冊 : 書(책 서) ↔ 冊(책 책)
- 崇高 : 崇(높을 숭) ↔ 高(높을 고)
- 身體 : 身(몸 신) ↔ 體(몸 체)
- 過失 : 過(허물 과) ↔ 失(잃을 실)
- 果實 : 果(열매 과) ↔ 實(열매 실)
- 告白 : 告(알릴 고) ↔ 白(말할 백)
- 居住 : 居(살 거) ↔ 住(살 주)
- 根本 : 根(뿌리 근) ↔ 本(근본 본)
- 申告 : 申(알릴 신) ↔ 告(알릴 고)
- 孤獨 : 孤(외로울 고) ↔ 獨(홀로 독)
- 境界 : 境(지경 경) ↔ 界(지경 계)
- 群衆 : 群(무리 군) ↔ 衆(무리 중)
- 施設 : 施(베풀 시) ↔ 設(베풀 설)
- 生産 : 生(날 생) ↔ 産(낳을 산)
- 年歲 : 年(해 년) ↔ 歲(해 세)
- 永久 : 永(영원할 영) ↔ 久(오랠 구)
- 憂愁 : 憂(근심 우) ↔ 愁(근심 수)
- 要求 : 要(구할 요) ↔ 求(구할 구)
- 偉大 : 偉(클 위) ↔ 大(큰 대)
- 音聲 : 音(소리 음) ↔ 聲(소리 성)

(3) 반의어

- 反對(반대) – 贊成(　　　　)
- 薄德(박덕) – 厚德(　　　　)

- 別居(별거) - 同居(　　　)
- 背恩(배은) - 報恩(　　　)
- 本業(본업) - 副業(　　　)
- 否定(부정) - 肯定(　　　)
- 分離(분리) - 統合(　　　)
- 保守(보수) - 革新(　　　)
- 背信(배신) - 報答(　　　)
- 防禦(방어) - 攻擊(　　　)
- 普遍(보편) - 特殊(　　　)
- 肯定(긍정) - 否定(　　　)
- 同情(동정) - 憎惡(　　　)
- 慢性(만성) - 急性(　　　)
- 朗讀(낭독) - 黙讀(　　　)
- 能動(능동) - 被動(　　　)
- 單一(단일) - 複合(　　　)
- 短縮(단축) - 延長(　　　)
- 來生(내생) - 前生(　　　)
- 緊張(긴장) - 弛緩(　　　)
- 多元(다원) - 一元(　　　)
- 吉兆(길조) - 凶兆(　　　)
- 濫用(남용) - 節約(　　　)
- 加重(가중) - 輕減(　　　)
- 固定(고정) - 流動(　　　)
- 登場(등장) - 退場(　　　)
- 密集(밀집) - 散在(　　　)
- 發達(발달) - 退步(　　　)
- 放心(방심) - 操心(　　　)
- 不實(부실) - 充實(　　　)
- 複雜(복잡) - 單純(　　　)
- 別館(별관) - 本館(　　　)
- 發信(발신) - 受信(　　　)
- 放出(방출) - 吸收(　　　)
- 反目(반목) - 和睦(　　　)
- 否認(부인) - 是認(　　　)
- 唐慌(당황) - 沈着(　　　)
- 得勢(득세) - 失權(　　　)
- 訥辯(눌변) - 達辯(　　　)
- 樂觀(낙관) - 悲觀(　　　)
- 內容(내용) - 形式(　　　)
- 當選(당선) - 落選(　　　)
- 懦弱(나약) - 健康(　　　)
- 煖房(난방) - 冷房(　　　)
- 濃厚(농후) - 稀薄(　　　)
- 老鍊(노련) - 未熟(　　　)
- 樂天(낙천) - 厭世(　　　)
- 可決(가결) - 否決(　　　)
- 空想(공상) - 現實(　　　)
- 君子(군자) - 小人(　　　)
- 物質(물질) - 精神(　　　)
- 悲運(비운) - 幸運(　　　)

- 先天(선천) - 後天(　　　　)
- 勝利(승리) - 敗北(　　　　)
- 永久(영구) - 限時(　　　　)
- 原因(원인) - 結果(　　　　)
- 正統(정통) - 異端(　　　　)
- 中止(중지) - 續行(　　　　)
- 往復(왕복) - 片道(　　　　)
- 暗示(암시) - 明示(　　　　)
- 悲哀(비애) - 歡喜(　　　　)
- 近視(근시) - 遠視(　　　　)
- 權利(권리) - 義務(　　　　)
- 客觀(객관) - 主觀(　　　　)
- 曲線(곡선) - 直線(　　　　)
- 相對(상대) - 絶對(　　　　)
- 順行(순행) - 逆行(　　　　)
- 依他(의타) - 自立(　　　　)
- 遠洋(원양) - 近海(　　　　)
- 好材(호재) - 惡材(　　　　)
- 敵對(적대) - 友好(　　　　)
- 流浪(유랑) - 定着(　　　　)
- 人造(인조) - 天然(　　　　)
- 無能(무능) - 有能(　　　　)
- 既決(기결) - 未決(　　　　)
- 凡常(범상) - 特異(　　　　)
- 個別(개별) - 全體(　　　　)
- 干涉(간섭) - 放任(　　　　)

(4) 반의 결합어

- 上下 : 上(위 상) ↔ 下(아래 하)
- 虛實 : 虛(빌 허) ↔ 實(열매 실)
- 生死 : 生(날 생) ↔ 死(죽을 사)
- 自他 : 自(자기 자) ↔ 他(남 타)
- 因果 : 因(원인 인) ↔ 果(결과 과)
- 賞罰 : 賞(상줄 상) ↔ 罰(벌할 벌)
- 盛衰 : 盛(성할 성) ↔ 衰(쇠할 쇠)
- 損益 : 損(덜 손) ↔ 益(더할 익)
- 添削 : 添(더할 첨) ↔ 削(깎을 삭)
- 彼此 : 彼(저 피) ↔ 此(이 차)
- 利害 : 利(이로울 리) ↔ 害(해칠 해)
- 好惡 : 好(좋아할 호) ↔ 惡(미워할 오)
- 善惡 : 善(착할 선) ↔ 惡(악할 악)
- 子女 : 子(아들 자) ↔ 女(계집 녀)
- 姉妹 : 姉(누이 자) ↔ 妹(누이 매)
- 授受 : 授(줄 수) ↔ 受(받을 수)
- 首尾 : 首(머리 수) ↔ 尾(꼬리 미)
- 清濁 : 清(맑을 청) ↔ 濁(흐릴 탁)
- 禍福 : 禍(재앙 화) ↔ 福(복 복)
- 長幼 : 長(어른 장) ↔ 幼(어릴 유)

• 長短 : 長(길 장) ↔ 短(짧을 단) • 左右 : 左(왼쪽 좌) ↔ 右(오른쪽 우)

• 朝夕 : 朝(아침 조) ↔ 夕(저녁 석) • 尊卑 : 尊(높을 존) ↔ 卑(낮을 비)

• 愛憎 : 愛(사랑 애) ↔ 憎(미워할 증) • 喜悲 : 喜(기쁠 희) ↔ 悲(슬플 비)

• 陰陽 : 陰(그늘 음) ↔ 陽(볕 양) • 優劣 : 優(뛰어날 우) ↔ 劣(졸렬할 렬)

• 將卒 : 將(장수 장) ↔ 卒(병사 졸) • 興亡 : 興(흥할 흥) ↔ 亡(망할 망)

• 新舊 : 新(새로울 신) ↔ 舊(옛 구) • 昇降 : 昇(오를 승) ↔ 降(내릴 강)

• 可否 : 可(옳을 가) ↔ 否(아닐 부) • 去來 : 去(갈 거) ↔ 來(올 래)

• 京鄕 : 京(서울 경) ↔ 鄕(시골 향) • 吉凶 : 吉(길할 길) ↔ 凶(흉할 흉)

• 南北 : 南(남녘 남) ↔ 北(북녘 북) • 强弱 : 强(강할 강) ↔ 弱(약할 약)

• 高低 : 高(높을 고) ↔ 低(낮을 저) • 曲直 : 曲(굽을 곡) ↔ 直(곧을 직)

• 老小 : 老(늙을 로) ↔ 小(젊을 소) • 多少 : 多(많을 다) ↔ 少(적을 소)

• 同異 : 同(같을 동) ↔ 異(다를 이) • 賣買 : 賣(팔 매) ↔ 買(살 매)

• 得失 : 得(얻을 득) ↔ 失(잃을 실) • 美醜 : 美(아름다울 미) ↔ 醜(추할 추)

• 問答 : 問(물을 문) ↔ 答(답할 답) • 貧富 : 貧(가난할 빈) ↔ 富(부유할 부)

• 文武 : 文(글월 문) ↔ 武(무예 무) • 公私 : 公(공변될 공) ↔ 私(사사로울 사)

• 師弟 : 師(스승 사) ↔ 弟(제자 제) • 難易 : 難(어려울 난) ↔ 易(쉬울 이)

4) 상식 한자어

(1) 간지

干支는 10간과 12지를 말하며, 다른 말로 '天干'과 '地支'라고도 한다. 이는 동양적 세계관에서 비롯되었으며, 우주 만물이 周易의 이치에 따라 순행함을 말한다. 10간은 날짜를 나타내며 陽의 대표인 하늘을 의미하기 때문에 '천간'이라 하였고, 12지는 달 수를 세기 위한 것으로 陰의 대표인 땅을 상징하기 때문에 '지지'라고 하였다.

천간은 중요한 역사 연도를 외울 때 편리하다. 예를 들어, '甲'으로 시작하는 모든 연도는 그 끝자리가 '4'로 끝난다. 갑신정변이 1884년, 갑오개혁이 1894년인 것이 그 예이다. 다음에 '乙'로 시작하는 모든 연도는 끝자리가 '5'로 끝난다. 을미사변이 1895년, 을사늑약이 1905년이다. 이런 식으로 순차적으로 해서 마지막 '癸'로 시작하는 연도는 그 끝자리가 '3'으로 끝나게 되는 것이다.

지지는 시간을 나타내는 말이다. 현대는 24시간이 하루의 기준이지만, 예전에는 12지를 중심으로 하루를 12시간으로 나누었다. 子時가 23시부터 01시로 시작되고, 丑時부터 亥時까지 2시간씩 끊어 나가면 되는 것이다. 그리고 戌時를 다른 말로 '初更', 또는 '一更'이라고도 한다. '更'은 하룻밤을 총칭하는 말로 다섯개로 나누었고, 초경인 戌時부터 오경인 寅時까지를 말한다.

이러한 천간과 지지가 짝을 이루어서 60간지를 만든다. 甲子年을 시작으로 해서 癸亥年까지 모두 60개로 이루어진 육십갑자가 만들어지고, 갑자년에 태어난 아이가 다시 새로운 갑자년을 맞이하게 되면 이를 '回甲', '還甲'이라고 하는 것이다.

이것을 간단히 표로 정리하면 다음과 같다.

天干									
甲	乙	丙	丁	戊	己	庚	辛	壬	癸
갑	을	병	정	무	기	경	신	임	계

地支											
子	丑	寅	卯	辰	巳	午	未	申	酉	戌	亥
자	축	인	묘	진	사	오	미	신	유	술	해
쥐	소	호랑이	토끼	용	뱀	말	양	원숭이	닭	개	돼지
23~01	01~03	03~05	05~07	07~09	09~11	11~13	13~15	15~17	17~19	19~21	21~23

六十甲子											
1	2	3	4	5	6	7	8	9	10	11	12
甲子	乙丑	丙寅	丁卯	戊辰	己巳	庚午	辛未	壬申	癸酉	甲戌	乙亥
13	14	15	16	17	18	19	20	21	22	23	24
丙子	丁丑	戊寅	己卯	庚辰	辛巳	壬午	癸未	甲申	乙酉	丙戌	丁亥

25	26	27	28	29	30	31	32	33	34	35	36
戊子	己丑	庚寅	辛卯	壬辰	癸巳	甲午	乙未	丙申	丁酉	戊戌	己亥
37	38	39	40	41	42	43	44	45	46	47	48
庚子	辛丑	壬寅	癸卯	甲辰	乙巳	丙午	丁未	戊申	己酉	庚戌	辛亥
49	50	51	52	53	54	55	56	57	58	59	60
壬子	癸丑	甲寅	乙卯	丙辰	丁巳	戊午	己未	庚申	辛酉	壬戌	癸亥

(2) 나이를 가리키는 한자

예부터 각각의 나이에 따라 달리 부르는 別稱이 많이 있다. 이는 대부분 옛 경전에서 유래된 것들이거나, 한자의 俗字를 활용하여 만든 것들이다. 전통적으로 사람의 나이, 특히 어른의 나이를 지칭할 때 공경심을 나타내기 위해서, 또는 고상한 문학적 표현을 사용하기 위해서 별칭이 만들어진 것으로 보고 있다.

나이	한자	설명
1세	弄璋之慶 弄瓦之慶	예전에 아들을 낳으면 구슬[璋]을 가지고 논다[弄]는 뜻으로 '농장지경'이라 하였고, 반대로 딸을 낳으면 실패[瓦]를 가지고 논다[弄]는 뜻으로써 '농와지경'이라 하였다. 둘 다 자식을 낳은 기쁨과 즐거움을 표현한 말이다.
2~3세	提孩	'제'는 손으로 안는다는 뜻이고, '해'는 어린아이를 의미한다. 아기가 품 안에서 예쁘게 웃을 무렵의 나이를 말하며, '孩兒'라고도 하였다.
15세	志(于)學	『논어』에 보면 공자가 "吾十有五而志于學"이라 하여, 열다섯 살에 학문[學]에 뜻[志]을 두었다고 한 것에서 유래하였다.
16세	破瓜 瓜年	'오이 과(瓜)' 자를 두 개로 깨뜨리면 '여덟 팔(八)' 자 두 개가 나와서 8+8=16이 되는데, 옛날에는 이 시기를 결혼 적령기로 보았다. '8×8'로 계산을 해서 64세를 '破瓜'라고도 한다.

20세	弱冠 芳年	『예기』에 보면, "20세는 부드럽고 약하며[弱], 관례[冠]를 하기 때문"에 스무 살을 약관이라고 하였다. 반면, 여자의 나이는 20세 전후를 꽃같이 예쁜 시절이라고 해서 방년이라고 한다.
30세	而立	『논어』에 서른 살이 되면 자신이 품었던 뜻과 학문의 포부를 자립[而立]하여 굳게 세워야 한다는 공자의 말에서 유래하였다.
40세	不惑	『논어』에 "外物에 흔들리거나 미혹되지 않는[不惑] 나이"라고 하여 마흔을 불혹이라고 하였다.
48세	桑年	'뽕나무 상(桑)' 자를 俗字(속자)로 쓰면 '열 십(十)' 자 네 개와 '여덟 팔(八)' 자 한 개가 나와서 모두 더하면 사십팔이 된다.
50세	知(天)命	『논어』에서 "나이 50세가 되면 세상의 이치를 깨달아 하늘의 명[天命]을 아는[知] 나이"라고 말한 데서 유래하였고, 줄여서 知命이라고도 한다.
60세	耳順	『논어』에서 "나이 육십이 되면 인생에 경륜이 쌓이고 성숙하여 천지만물에 통달하고, 남의 말을 잘 받아들일 정도로 귀[耳]가 순해진다[順]"라고 한 데서 왔다.
61세	還甲 回甲	태어난 해의 간지[甲]가 다시 돌아왔다[還]는 의미로, 간지에서 갑이 제일 처음에 나오기 때문에 간지의 대표 격으로 갑을 사용하였다.
62세	進甲	회갑[甲]에서 한 해 더 나아갔다[進]는 의미로, 만 61세를 말한다.
70세	古稀 從心	杜甫의 시 「曲江(곡강)」에 보면, "人生七十古來稀"라 하여 "사람의 생이 70까지 사는 것은 예부터 드물었다"라고 한 데서 '고희'라고 하였다. 그리고 『논어』에 "七十而從心所欲不踰矩"라 하여 70이 되면 마음에서 하고자 하는 대로 해도 법을 넘지 않았다는 데에서 70세를 '종심'이라고도 하는데, 현대는 종심보다 고희를 더욱 많이 사용하는 추세이다.
71세	望八	팔십[八]을 바라보는[望] 나이라는 뜻이다.
77세	喜壽	'기쁠 희(喜)' 자를 초서체로 쓰면 '七十七'과 모양이 비슷하다 하여 뒤에 '목숨 수(壽)'를 붙여서 희수라고 하였다.
80세	八耋	'耋(질)'은 '늙음[老]에 이르렀다[至]'는 뜻으로, 80세 노인을 말한다. 일명 '傘壽'라고도 하는데, '산'의 속자가 '여덟 팔' 자 밑에 '열 십' 자의 형태이기 때문에 붙여진 이름이다.

81세	望九	구십[九]을 바라보는[望] 나이라는 뜻이다.
88세	米壽	'쌀 미(米)'자를 분해해 보면, '여덟 팔' 자 두 개와 '열 십' 자 한 개가 나와서 팔십팔 세의 나이를 가리킨다.
90세	卒壽	'마칠 졸(卒)' 자의 속자가 '아홉 구' 자 밑에 '열 십' 자의 형상이므로, 90세의 노인을 말한다.
91세	望百	백[百]을 바라보는[望] 나이라는 뜻이다.
99세	白壽	'일백 백(百)'에서 '한 일(一)'을 빼면 99[白]가 되기 때문이다.
100세	上壽	『장자』에 "人上壽百歲(사람의 최상의 수명은 백세이다)"라고 하였다.

(3) 호칭어와 지칭어

관계	본인		타인	
	生	死	生	死
아버지	家親(가친) 父親(부친) 嚴親(엄친) 父主(부주)	先親(선친) 先考(선고) 先人(선인) 先父君(선부군)	椿府丈(춘부장) 椿丈(춘장) 春堂(춘당) 令尊(영존)	先大人(선대인) 先考丈(선고장)
어머니	母親(모친) 慈親(자친) 母主(모주)	先妣(선비) 先慈(선자)	慈堂(자당) 北堂(북당) 萱堂(훤당) 大夫人(대부인) 母夫人(모부인)	先夫人(선부인) 先慈堂(선자당) 先大夫人(선대부인)
할아버지	祖父(조부) 王父(왕부)	先考祖(선고조) 顯考祖(현고조)	王尊丈(왕존장) 王大人(왕대인)	先祖父丈(선조부장)
할머니	祖母(조모) 王母(왕모)	先祖妣(선조비) 顯祖妣(현조비)	王大夫人(왕대부인) 尊祖母(존조모)	先祖妣(선조비) 先王大夫人(선왕대부인)
아들	家兒(가아) 家豚(가돈) 豚兒(돈아) 迷豚(미돈)	亡兒(망아) 亡子(망자)	令郞(영랑) 令息(영식) 令胤(영윤)	

딸	女息(여식) 息鄙(식비)		令愛(영애) 令嬌(영교) 令孃(영양) 令媛(영원)	
아내	內子(내자) 內室(내실) 家人(가인)		令夫人(영부인) 令室(영실) 令閨(영규)	
손자	孫子(손자) 孫兒(손아)		令抱(영포) 令孫(영손)	

(4) 24절기

월	절기	특징
1월	立春 (입춘)	양력 2월 4일경. 일 년 중 봄이 시작한다는 날. 가정에서는 악귀를 쫓기 위해 좋은 글귀를 써 붙이고, 마을에서는 입춘굿을 한다.
	雨水 (우수)	양력 2월 19일경. 눈이 비로 변하고, 얼음이 녹아 물이 된다. 대동강 물이 풀리고 물고기가 올라오며, 기러기는 추운 지방을 찾아 떠난다.
2월	驚蟄 (경칩)	양력 3월 6일경. 겨울잠을 자던 동물들이 깨어나기 시작하고, 보리싹의 성장을 보고 그해 농사의 풍흉을 가늠한다.
	春分 (춘분)	양력 3월 21일경. 낮과 밤의 시간이 같고, 흙을 일구고 씨 뿌릴 준비를 하며, 꽃샘추위가 찾아온다.
3월	淸明 (청명)	양력 4월 6일경. 날씨가 맑고 화창해서 나무 심기에 적당한 시기로, 보통 한식날과 겹친다.
	穀雨 (곡우)	양력 4월 20일경. 봄비가 내려 싹이 트고 농사가 시작된다. 나무에 물이 가장 많이 오르는 시기이므로 사람들은 곡우물을 먹으러 깊은 산이나 명산을 찾기도 한다.
4월	立夏 (입하)	양력 5월 5일경. 여름이 시작되며, 농작물이 자라기 시작하고, 해충과 잡초가 많아져 농가 일손이 바빠지는 때이다.
	小滿 (소만)	양력 5월 21일경. 햇볕이 가득하고 만물이 가득히 자라게 된다는 뜻으로 초여름 모내기가 시작된다.

5월	芒種(망종)	양력 6월 6일경. 논보리나 벼 등 곡식의 씨를 뿌리는 시기이다. 모내기가 한창이므로 농사일이 가장 바쁜 시기이다.
	夏至(하지)	양력 6월 21일경. 일 년 중 낮 시간이 가장 길고, 햇감자가 나오며, 이때가 지날 때까지 비가 오지 않으면 마을마다 기우제를 올렸다.
6월	小暑(소서)	양력 7월 7일경. 장마전선으로 인해 습도가 높고, 비가 많이 온다. 농사에 쓸 퇴비를 준비하고 논두렁에 잡초를 뽑는다.
	大暑(대서)	양력 7월 23일경, 일 년 중 가장 더운 때로, 더위가 극도에 달한다. 대부분 중복이 겹치며, 장마 전선의 영향으로 비가 자주 온다.
7월	立秋(입추)	양력 8월 7일경. 가을이 시작되어 서늘한 바람이 분다. 농촌에서는 다소 한가하며, 김장용 무와 배추를 심는다.
	處暑(처서)	양력 8월 23일경. 더위가 멈춘다는 뜻으로 쓸쓸해지기 시작하고 논벼가 익는다. 이때부터 아침과 저녁으로 서늘해 일교차가 심해진다.
8월	白露(백로)	양력 9월 8일경. 이슬 맺힌 것이 하얗게 보인다는 뜻으로, 완연한 가을 날씨이다. 장마가 끝나고 쾌청한 날씨가 계속되나, 때로는 늦은 태풍과 해일의 피해를 입기도 한다.
	秋分(추분)	양력 9월 23일경. 춘분으로부터 꼭 반년째 되는 날로 낮과 밤의 길이가 똑같다. 논밭의 곡식을 거두어들이고, 채소와 산나물 등을 말려두기도 한다.
9월	寒露(한로)	양력 10월 8일경. 찬 이슬이 맺히기 시작하여 추수로 바쁜 시기이다. 예전에는 이때를 전후해 국화전을 지져 먹고, 국화주를 담갔으며, 산수유를 머리에 꽂아 잡귀를 쫓았다.
	霜降(상강)	양력 10월 23일경. 쾌청한 날씨가 계속되나, 밤 기온은 서리가 내릴 정도로 춥다. 추수가 거의 끝나고, 동물들은 일찌감치 겨울잠에 들어간다.
10월	立冬(입동)	양력 11월 7일경. 겨울이 시작되는 시기로, 각 마을에서는 햇곡식으로 시루떡을 만들어 집안 곳곳에 놓으며, 가정에서는 이날을 기준으로 김장 준비를 한다.
	小雪(소설)	양력 11월 22일경. 땅이 얼기 시작하고 살얼음이 얼며 차차 눈이 내리기 시작한다.

11월	大雪 (대설)	양력 12월 7일경. 눈이 많이 내리며, 예전부터 이날 눈이 많이 내리면 다음 해에는 풍년이 든다는 속설이 있다.
	冬至 (동지)	양력 12월 22일경. 일 년 중 밤이 가장 길고 낮이 가장 짧은 날이다. 추위도 점차 심해지기 시작한다. 이날 날씨가 따뜻하면 다음 해에 질병이 많고, 눈이 많이 오고 추우면 풍년이 들 것을 예상하기도 했다.
12월	小寒 (소한)	양력 1월 5일경. 이때를 기준으로 본격적으로 추워진다. 대한이 소한 집에 놀러 갔다가 얼어 죽었다는 옛말이 있듯이 한국에서는 일 년 중 가장 춥다.
	大寒 (대한)	양력 1월 20일경. 겨울의 매듭을 짓는 절기로 추위의 절정기이나, 소한에 얼었던 얼음이 대한에 녹을 정도로 따뜻한 해도 있다. 이날 밤에 콩을 땅이나 마루에 뿌려서 악귀를 쫓아내고 새해를 맞이하는 풍습이 있다.

(5) 경조문과 서식

우리는 살아가면서 많은 축하와 위로를 주고받는다. 慶弔文은 慶文과 弔文을 합한 표현으로, 흔히 얘기하는 哀慶事를 말한다. 결혼식이나 회갑연 등의 축하 자리에서부터 初喪이나 事故 같은 위로의 자리, 작은 정성의 표현에까지 우리는 다양한 상황에 따라 필요한 서식을 정확히 알고 써야 한다.

의식	서식 표현	의식	서식 표현
結婚式 (결혼식)	祝 結婚(축 결혼)	祝賀 (축하)	祝 合格(축 합격)
	祝 華婚(축 화혼)		祝 當選(축 당선)
	祝 成婚(축 성혼)		祝 入選(축 입선)
	祝 聖婚(축 성혼)		祝 發展(축 발전)
	祝儀(축의)		祝 優勝(축 우승)
	賀儀(하의)		祝 開業(축 개업)

<table>
<tr><td rowspan="5">初喪
(초상)</td><td>賻儀(부의)</td><td rowspan="2">祝賀
(축하)</td><td>祝 榮轉(축 영전)
祝 昇進(축 승진)</td></tr>
<tr><td>謹弔(근조)</td><td>祝 就任(축 취임)</td></tr>
<tr><td>弔儀(조의)</td><td rowspan="7">謝禮
(사례)</td><td>略禮(약례)</td></tr>
<tr><td>奠儀(전의)</td><td>薄禮(박례)</td></tr>
<tr><td>香燭代(향촉대)</td><td>薄謝(박사)</td></tr>
<tr><td rowspan="4">回甲
(회갑)</td><td>祝 壽宴(축 수연)</td><td>微衷(미충)</td></tr>
<tr><td>祝 壽筵(축 수연)</td><td>微意(미의)</td></tr>
<tr><td>祝儀(축의)</td><td>微志(미지)</td></tr>
<tr><td>賀儀(하의)</td><td>微誠(미성)</td></tr>
</table>

우리는 사회생활을 하면서 애경사를 비롯하여 편지 봉투를 써야 할 일에 많이 직면하게 된다. 선생님이나 부모님, 친구에게 편지를 보내거나 취업에 필요한 원서를 지원하는 것까지 우리는 우편물을 이용하게 된다. 그럴 때 봉투에 쓰는 수신자 이름 아래에 붙는 호칭이 수신자에 따라 각기 다르기 때문에 이를 학습하는 것도 중요하다.

서식	수신자
氏(씨)	받는 사람이 나이나 지위가 비슷한 경우에 쓸 수 있으나, 기본적 예의를 지키는 차원에서 거의 사용하지 않음
貴下(귀하)	상대방을 높여 부르는 말로, 일반적인 상황에서 가장 널리 쓰임
座下(좌하)	공경해야 할 어른이나 선생, 스승께 보내는 경우
貴中(귀중)	받는 사람이 일개인이 아니라 단체일 때 쓰임
大兄(대형) 仁兄(인형) 雅兄(아형)	친하고 정다운 친구 사이를 높여서 부를 때 사용
兄(형) 君(군)	보통은 아랫사람을 친근하게 가리킬 때 사용

畫伯(화백)	예술하는 화가를 높여서 부를 때
親展(친전) 親破(친파)	다른 사람에게 보이지 않고, 오직 수신자만이 보라고 할 때
惠展(혜전)	'삼가 펴 보십시오'의 뜻
女史(여사)	일반 부인에게 보낼 때
原稿在中(원고재중)	원고가 들어 있을 때
願書在中(원서재중)	지원서가 들어 있을 때
本家入納(본가입납)	본인이 본인의 집에 편지를 보낼 때

5) 유머 한자어

(1) 개과천선 - 원투

마냥 승승장구 파죽지세 유아독존 나
여기 주지육림 다다익선 어부지리다
아니 이게 웬일 언어도단 참담한 얘기
여기 웬 여인이 내 인생 다이빙한 얘기
몇 마디 나눠 보면 보였습니다(이심전심)
그래서 맘먹으면 내 여잡니다(백전백승)
하늘이 내게 주신 단 하나 선물 감사히 연마하며 살았습니다
그러다 그녈 처음 보았습니다(경국지색)
도대체 접근조차 안 됐습니다(난공불락)
이번은 이런 내가 나답지 않아 너무나 외롭습니다
무너져 내리는 좌절감이 뭔지도 알게 되었고
아무래도 이러다가 한 여자가 사람 하나 잡을 것 같습니다
도대체 어떡해야 합니까(전전긍긍)

이대로 포기해야 합니까(자포자기)
친구들 그만두라 합니다(죽마고우)
절대로 그럴 순 없습니다(마이동풍)
도대체 어떡해야 합니까(백팔번뇌)
온종일 그녀 생각뿐이죠(오매불망)
그동안 바보처럼 살았단 생각에 또 눈물 내어 웁니다(개과천선)

남자가 남자다워야 남자지
어차피 한번 뽑은 칼 어쩌지
그래 날 바라봐 봐
나 같은 남자 없어(없어) 없어(없어)
내가 행복하게 해줄게 나만 바라 봐
어느 날 그녀 내게 말을 겁니다(천재일우)
그것도 웃으면서 다가옵니다(고진감래)
하늘이 날 버리지 않았습니다
너무나 감사합니다
가슴이 터질 것 같은 아픔 뭔지도 알게 되었고
비가 오나 눈이 오나 한 사람만 바라보는 사랑이 왔구나
도대체 어떡해야 합니까(전전긍긍)
이대로 포기해야 합니까(자포자기)
친구들 그만두라 합니다(죽마고우)
절대로 그럴 순 없습니다(마이동풍)
도대체 어떡해야 합니까(백팔번뇌)
온종일 그녀 생각뿐이죠(오매불망)
앞으로 힘든 일도 많은 걸 알지만 난 그녈 지킬 겁니다(백년가약)

한자어와 의미

한자어	의미
改過遷善	지난날의 잘못을 뉘우치고 고쳐서 착하게 됨
乘勝長驅	싸움에 이긴 형세를 타고 계속 몰아침
破竹之勢	대나무를 쪼개는 기세. 적을 거침없이 물리치고 쳐들어가는 기세
唯我獨尊	세상에서 자기 혼자 잘났다고 뽐내는 태도
酒池肉林	술로 연못을 이루고 고기로 숲을 이룬다. 호사스러운 술잔치를 이르는 말. 중국 은나라 주왕이 못을 파 술을 채우고 숲의 나뭇가지에 고기를 걸어 잔치를 즐겼던 일
多多益善	많으면 많을수록 더욱 좋음
漁父之利	두 사람이 이해관계로 서로 싸우는 사이에 엉뚱한 사람이 애쓰지 않고 가로챈 이익
言語道斷	말할 길이 끊어졌다. 어이가 없어서 말하려 해도 말할 수 없음을 이르는 말로, '말이 안 됨'으로 순화
以心傳心	마음과 마음으로 서로 뜻이 통함
百戰百勝	싸울 때마다 다 이김
傾國之色	임금이 혹하여 나라가 기울어져도 모를 정도의 뛰어나게 아름다운 미인
難攻不落	공격하기가 어려워 쉽사리 함락되지 않음
戰戰兢兢	몹시 두려워서 벌벌 떨며 조심함
自暴自棄	절망에 빠져 자신을 스스로 포기하고 돌아보지 아니함
竹馬故友	대나무 말을 타고 놀던 벗. 어릴 때부터 같이 놀며 자란 친한 친구
馬耳東風	말의 귀에 동풍이 불어도 아랑곳하지 아니함. 남의 말을 귀담아듣지 아니하고 지나쳐 흘려버림을 이르는 말로, 이백의 시에서 유래
百八煩惱	사람의 마음속에 있는 엄청난 번뇌
寤寐不忘	자나 깨나 잊지 못함
千載一遇	천 년 동안 단 한 번 만난다. 좀처럼 만나기 어려운 좋은 기회
苦盡甘來	괴로움이 다하면 즐거움이 온다. 고생 끝에 낙이 옴

(2) 어머님께 - god

어려서부터 우리 집은 가난했었고 남들 다하는 외식 몇 번 한 적이 없었고

幼年期 以來 本人家庭 經濟狀況 劣惡 / 外食 經驗 極少數

유년기 이래 본인가정 경제상황 ___①___ / 외식 경험 극소수

일터에 나가신 어머니 집에 없으면 언제나 혼자서 끓여 먹었던 라면

勤勞現場 出他 母親 不在時 / 獨守空房 羅麵 調理

근로현장 출타 모친 부재시 / 독수공방 라면 ___②___

그러다 라면이 너무 지겨워서 맛있는 것 좀 먹자고 대들었었어

羅麵 攝取 意慾 喪失 / 山海珍味 攝取 要求

라면 ___③___ 의욕 상실 / 산해진미 섭취 요구

그러자 어머님이 마지못해 꺼내신 숨겨 두신 비상금으로 시켜 주신

結局 母親 躊躇躊躇 / 隱匿資金 引出 電話注文

___④___ 모친 주저주저 / 은닉자금 인출 전화주문

자장면 하나에 너무나 행복했었어 하지만 어머님은 왠지 드시질 않았어

黑色麵 一人分 極度 幸福感 造成 / 母親 攝取 拒否

흑색면 일인분 극도 행복감 조성 / 모친 섭취 거부

어머님은 자장면이 싫다고 하셨어 어머님은 자장면이 싫다고 하셨어

母親 告白 "黑色麵 嫌惡" / 母親 告白 "黑色麵 嫌惡"

모친 고백 "흑색면 ___⑤___ " / 모친 고백 "흑색면 ___⑤___ "

야이야~ 그렇게 살아가고 그렇게 후회하고 눈물도 흘리고

夜而夜~ 繼續 生命維持 / 後悔莫甚 / 眼球液 放流

야이야~ 계속 생명유지 / 후회막심 / 안구액 ___⑥___

야이야~ 그렇게 살아가고 너무나 아프고 하지만 다시 웃고

夜而夜~ 繼續 生命維持 / 痛症 極甚 / 再次 微笑 回復

야이야~ 계속 생명유지 / ⑦ 극심 / 재차 미소 회복

중학교 일 학년 때 도시락 까 먹을 때 다 같이 함께 모여 도시락 뚜껑을 열었는데

中學 一年時 携帶食 攝取時 / 一同集合 携帶食 容器 開封

중학 일년시 휴대식 섭취시 / 일동집합 휴대식 용기 ⑧

부잣집 아들 녀석이 나에게 화를 냈어 반찬이 그게 뭐냐며 나에게 뭐라고 했어

富裕層 子弟 悲憤慷慨 / 低質 不良 飯饌 打迫

부유층 자제 ⑨ / 저질 불량 반찬 타박

창피해서 그만 눈물이 났어 그러자 그 녀석은 내가 운다며 놀려 댔어

羞恥心 發動 眼球液 噴出 / 富裕層 子弟 本人 嘲弄

수치심 발동 안구액 분출 / 부유층 자제 본인 ⑩

참을 수 없어서 얼굴로 날아간 내 주먹에 일터에 계시던 어머님은 또다시 학교에

忍耐心 限界到達 顔面 强打 / 勤勞 母親 再次 學校行

인내심 한계도달 안면 강타 / 근로 모친 재차 학교행

불려오셨어 아니 또 끌려오셨어 다시는 이런 일이 없을 거라며 비셨어

出頭 要求 不 再次 强制牽引 / 向後 暴行 一切 禁止

출두 요구 불 재차 강제견인 / 향후 폭행 일체 금지

그 녀석 어머님께 고개를 숙여 비셨어 우리 어머니가 비셨어

被害者 母親 方向 卑屈姿勢 席藁待罪 / 本人 母親 謝罪

피해자 모친 방향 비굴자세 석고대죄 / 본인 모친 ⑪

야이야~ 그렇게 살아가고 그렇게 후회하고 눈물도 흘리고

夜而夜~ 繼續 生命維持 / 後悔莫甚 / 眼球液 放流

야이야~ ⑫ 생명유지 / 후회막심 / 안구액 방류

야이야~ 그렇게 살아가고 너무나 아프고 하지만 다시 웃고

夜而夜~ 繼續 生命維持 / 痛症 極甚 / 再次 微笑 回復

야이야~ 계속 생명유지 / 통증 극심 / 재차 미소 회복

아버님 없이 마침내 우리는 해냈어 마침내 조그만 식당을 하나 갖게 됐어

父親 死亡 不拘 吾等 目標達成 / 小型食堂 賣買契約 締結

부친 사망 불구 오등 목표달성 / 소형식당 매매계약 ⑬

그리 크진 않았지만 행복했어 주름진 어머님 눈가에 눈물이 고였어

小規模 不拘 幸福感 滿喫 / 皮膚老化 母親 眼球 水分含有

소규모 불구 행복감 ⑭ / 피부노화 모친 안구 수분함유

어머니와 내 이름의 앞 글자를 따서 식당 이름을 짓고 고사를 지내고

母親 + 本人 姓名 先行文字 拔萃 / 商號 結定 告祀 進行

모친 + 본인 성명 선행문자 발췌 / 상호 결정 고사 진행

밤이 깊어 가도 아무도 떠날 줄 모르고 사람들의 축하는 계속되었고

深夜時間 不拘 參席者 一同 退場 拒否 / 祝賀 繼續 延長

심야시간 불구 참석자 일동 퇴장 ⑮ / 축하 계속 ⑯

자정이 다 돼서야 돌아갔어 피곤하셨는지 어머님은

子正 到達 歸家措置 / 氣絶之頃 鹿多運 母親

자정 ⑰ 귀가조치 / 기절지경 녹다운 모친

어느새 깊이 잠이 들어 버리시고는 깨지 않으셨어 다시는

超高速 熟眠狀態 突入 / 過勞死 絶對 不 起床

초고속 숙면상태 돌입 / 과로사 ⑱ 불 기상

난 당신을 사랑했어요 한 번도 말을 못했지만

我而 裸婦 柔 過去形 / 告白 經驗 前無後無

아이 라부 유 과거형 / 고백 ⑲ 전무후무

사랑해요 이젠 편히 쉬어요 내가 없는 세상에서 영원토록

裸婦 柔 絶對安靜 要望 / 本人 不在 世上 永遠無窮

라부 유 절대안정 ⑳ / 본인 부재 세상 영원무궁

출처 : 네이버 블로그

독음

①	②	③	④
⑤	⑥	⑦	⑧
⑨	⑩	⑪	⑫
⑬	⑭	⑮	⑯
⑰	⑱	⑲	⑳

쓰기

(1)	가정		(2)	상황		(3)	의욕		(4)	요구	
(5)	인출		(6)	수치		(7)	인내		(8)	도달	
(9)	근로		(10)	향후		(11)	후회		(12)	통증	
(13)	회복		(14)	행복		(15)	성명		(16)	진행	
(17)	퇴장		(18)	축하		(19)	도달		(20)	영원	

(3) 한자 수수께끼

01 오늘도 다 가고 내일도 다 간 한자는?

① 明 ② 行 ③ 多 ④ 終

02 열다섯 사람이 층층이 올라서서 춤추는 한자는?

① 座 ② 乘 ③ 乖 ④ 傘

03 손을 들어 눈 위에 대고 먼 곳을 보는 한자는?

① 觀 ② 見 ③ 視 ④ 看

04 다음 중 아들을 가장 많이 둔 사람의 성씨는?

① 李 ② 金 ③ 朴 ④ 崔

05 사방이 산으로 둘러싸여 있는 한자는?

① 甲 ② 由 ③ 申 ④ 田

06 사람이 옥에 갇힌 한자는?

① 困 ② 囚 ③ 固 ④ 回

07 다음 중에서 죽은 고기인데도 살았다고 하는 것은?

① 생선 ② 소고기 ③ 돼지고기 ④ 닭고기

08 우물 안에 두레박이 있는 한자는?

① 面 ② 回 ③ 囚 ④ 固

09 다음 중 '同(같을 동)' 字에 한 획을 더 넣은 한자는?

① 侗　② 向　③ 回　④ 洞

10 다음 중 '이고 지고 뻗대는' 한자는?

① 旻　② 文　③ 昊　④ 教

11 제일 맛있는 한자는?

12 입에서 소리가 울려 퍼져 확성기를 나타내는 한자는?

13 사람이 철봉에 매달려 있는 한자는?

14 위 철봉의 사람을 밑에서 훈련하는 한자는?

15 마음이 칼로 베이듯 아픈 한자는?

16 밤늦게 아이가 집에 오지 않아 아이의 이름을 부르는 한자는?

17 '面(얼굴 면)'에서 얼굴 중 가장 중요한 것은?

18 물을 간단하게 얼게 하려면 무엇이 필요할까요?

19 사람이 두 팔을 '앞으로 나란히' 하는 한자는?

20 엄마가 매일 머리에 비녀 등을 꽂고 단장하는 한자는?

21 "쉿, 조용!" 하고 입에 손을 대고 있는 한자는?

22 자고 있는 三에게 "모두 일어나!"라고 말하면?

23 '3'을 반으로 나눈 한자는?

24 '100-1'을 색을 뜻하는 한자로 나타내면?

25 남의 것을 베끼기 좋아하는 한자는?

26 아이가 어떻게 잘 때 가장 예쁜지 한자로 나타내면?

27 세상에서 제일 조용한 한자는?

28 선생님이 배운 것을 아는지 물어볼 때의 한자는?

29 가정이 '화목하지 못한' 것을 하나의 한자로 나타내면?

30 '불행'과 '다행' 사이에 들어가 '불행'을 '다행'으로 고칠 수 있는 한자는?

정답과 해설

01 ③ 多는 '夕+夕'으로 하루의 끝인 저녁(夕)이 계속되므로

02 ④ 傘는 十에 人이 다섯이므로 열다섯 명이 춤추는 것으로 형상화

03 ④ 看는 '手+目'이므로

04 ① 李씨는 '十+八+子'가 되므로

05 ④ 田은 어느 부분으로 봐도 山 자가 있으므로

06 ② 囚의 ㅁ를 감옥으로 형상화

07 ① 생선을 한자로는 生鮮(날 생, 신선 선)이라 쓰므로

08 ② 回는 우물(□)과 그 속에 있는 두레박(ㅁ)으로 형상화

09 ① 伺(엿볼 사)

10 ② 文의 생긴 모양이 '亠'는 머리에 올려 이고 가는 모습을 표현한 것이고, 밑부분은 지게의 모양으로 지게를 세워 놓을 때는 항상 작대기로 버티어 놓음을 표현한 것

11 足 '足'이 '맛' 자와 닮음

12 言 입(口)에서 소리가 울려 퍼짐

13 內 철봉(冂)에 사람(人)이 매달림

14 肉 밑에서 사람이 훈련시킴

15 必 마음(心)을 칼(ノ)로 벰

16 名 저녁(夕)에 얼굴이 보이지 않아 아이의 이름을 부름(口)

17 目 눈 목이 안에 있음

18 점(丶)을 찍음 얼음(氷)은 물(水)에 점이 있음

19 仁 사람(亻)이 두 팔(二)을 나란히 한 모습

20 每 엄마(母)가 매일 머리에 비녀 등으로 장식함

21 中 입(口)에 손가락(丨)을 대고 있음

22 川 三을 일으켜 세웠음

23 王

24 白

25 方(모 방)

26 自(스스로 자)

27 자(아들 사) 떠들던 아들이 자므로

28 知(알 지)

29 火(불 화) 화목(和睦)하지 못한 것을 '불화(不和)'라고 함

30 中 '불행 중 다행'이므로

출처 : 월간 『한글+한자문화』

비움

日日是好日

제 3 장

한문의 이해

1. 한문의 문장 성분

한자는 그 자체로, 또는 다른 한자와 결합하여 한자어를 이루고, 이 한자어가 모여서 한문을 구성한다. 한자어는 다른 요소와 결합하거나 형태가 변하지 않은 채로 문장 성분으로 구성되므로, 한문의 문장 성분은 한자어의 위치에 따라 결정된다. 한자어의 주술 구조에서 알 수 있듯이 한문에서도 主語가 맨 앞에, 敍述語가 그다음에, 다른 성분은 그 뒤에 위치한다. 그리고 수식 구조에서 알 수 있듯이 修飾語가 앞에, 被修飾語가 뒤에 온다.

2. 한문의 문장 구조

문장의 구조는 문장을 구성하는 여러 성분이 일정한 결합 방식으로 이루어진 것을 말한다.

1) 주술 구조 : 주어+서술어

'무엇이 어떠하다'는 의미를 가진 문장으로, 주어와 서술어가 결합된 구조이다.

예 恩高(은고) : 은혜가 높다.

年長(연장) : 나이가 많다.

孔子聖人也(공자성인야) : 공자는 성인이다.

2) 술목 구조 : 서술어+목적어

'무엇을 어찌하다'는 의미의 문장으로, 서술어와 목적어로 이루어진 구조이다.

예 讀書(독서) : 책을 읽다.

事君(사군) : 임금을 섬기다.

登高(등고) : 높은 곳에 오르다.

3) 병렬 구조

뜻이 같거나 비슷한 글자, 반대되는 글자가 결합하는 구조를 말한다. 의미상 같은 종류의 단어나 구의 결합, 대비적인 것들의 결합을 들 수 있다. 앞뒤를 '且', '及', '與' 등으로 이어 준다.

예 天地人(천지인) : 하늘과 땅과 사람.

仁義禮智(인의예지) : 인과 의, 예와 지.

長而大(장이대) : 길고 크다.

4) 수식구조

앞의 말(수식어)이 뒤의 말(피수식어)을 꾸며 주는 구조이다. 수식어에는 형용사어와 부사어가 있다. 형용사어는 명사나 대명사, 부사어는 동사, 형용사, 부사를 수식한다.

예 餘慶(여경) : 남은 경사.

必勝(필승) : 반드시 이기다.

大韓國人(대한국인) : 대한민국의 사람.

3. 단문 익히기

1) 학문(學問)

玉不琢이면 不成器요 人不學이면 不知道니라. [禮記]	옥은 쪼지 않으면 그릇을 만들 수 없고, 사람은 배우지 않으면 도를 알지 못한다.
爲學不暇者는 雖暇라도 亦不能學矣니라. [淮南子]	배우는 데 겨를이 없다고 말하는 사람은 비록 겨를이 있더라도 또한 배울 수가 없다.

學而不思則罔하고 思而不學則殆니라. [論語]	배우기만 하고 생각하지 않으면 미혹되어 얻는 것이 없고, 생각하기만 하고 배우지 않으면 위태로워진다.
學然後에 知不足이요 敎然後에 知困이라. [禮記]	배운 뒤에 부족한 것을 알게 되고, 가르친 뒤에 난처했던 것을 알게 된다.
善學者는 假人之長하여 以補短이라. [呂氏春秋]	배우기를 잘하는 사람은 다른 사람의 장점을 빌려서 단점을 보완한다.
人之不學은 如登天而無術이니라. [荀子]	사람이 배우지 않는 것은 하늘에 올라가는 데 방법이 없는 것과 같다.
識見은 不能自長이니 只在讀書觀理而已니라. [尤庵集]	학식과 견문은 스스로 늘어날 수가 없는 것이니, 다만 책을 읽고 이치를 생각하여 보는 데 달려 있을 뿐이다.
識見은 不能自長이니 只在讀書觀理而已니라. [尤庵集]	배우는 사람이 근심할 것은 오직 뜻을 세움에 성실하지 못함에 있을 뿐이지, 재능이 혹시 부족할까 하는 것은 근심할 것이 못 된다.
幼而不學이면 老無所知요 春若不耕이면 秋無所望이라. [明心寶鑑]	어려서 배우지 않으면 늙어서 아는 것이 없고, 봄에 밭을 갈지 않으면 가을에 바랄 것이 없다.
學問之道는 無他라 有不識이어든 執途之人而問之가 可也라. [北學議序]	학문하는 방법은 다른 것이 없다. 모르는 것이 있으면 길가는 사람을 붙잡고서라도 묻는 것이 옳다.
學問은 如逆水行舟하여 不進則退니라. 『論語』	학문은 물을 거슬러 올라가는 배와 같아서 앞으로 나아가지 않으면 곧 후퇴하느니라.
一日之計는 在於晨하고 一年之計는 在於春하고 一生之計는 在於幼니라. 『明心寶鑑』	하루의 계획은 새벽에 있고, 일 년의 계획은 봄에 있고, 일생의 계획은 어렸을 때에 있다.

古之學者는 爲己러니 今之學者는 爲人이로다. 『論語』	옛날에 배우는 자들은 자신을 위하여 학문을 하였는데, 지금에 배우는 자들은 남을 위하여 학문을 한다.

2) 수신(修身)

勤無價之寶요 愼是護身之符라. 『明心寶鑑』	부지런함은 가치를 따질 수 없는 보배이고, 신중함은 몸을 보호해 주는 부적이다.
過而不改 是爲過矣니라. 『論語』	잘못이 있어도 고치지 않는 것, 이것을 잘못이라고 말한다.
耳不聞人之非하고 目不視人之短하고 口不言人之過라야 庶幾君子니라. 『明心寶鑑』	귀로는 남의 잘못을 듣지 않고, 눈으로는 남의 단점을 보지 않고, 입으로는 남의 잘못을 말하지 않아야 군자에 가깝다.
修身齊家는 治國之本이요 讀書勤儉은 起家之本이라. 『四字小學』	자신을 수양하고 집안을 가지런히 하는 것은 나라를 다스리는 근본이고, 책을 읽고 부지런하고 검소함은 집안을 일으키는 근본이다.
見人之善이어든 而尋己之善하고 見人之惡이어든 而尋己之惡하라. 『明心寶鑑』	다른 사람의 착함을 보거든 나의 착함을 찾고, 다른 사람의 악함을 보거든 나의 악함을 찾아라.
終身行善이라도 善猶不足이요 一日行惡이라도 惡自有餘니라. 『明心寶鑑』	죽을 때까지 선을 행하더라도 선은 오히려 부족하고, 하루만 악을 행하더라도 악은 저절로 남음이 있다.
道吾善者는 是吾賊이요 道吾惡者는 是吾師니라. 『明心寶鑑』	나의 좋은 점을 말하는 사람은 나의 도적이요, 나의 나쁜 점을 말하는 사람은 나의 스승이니라.
勿以惡小而爲之하고 勿以善小而不爲하라. 『明心寶鑑』	악이 작다고 하여 이를 하지 말고, 선이 작다고 하여 이를 아니 하지 말라.

責人之心으로 責己하고 恕己之心으로 恕人하라. 『明心寶鑑』	다른 사람을 꾸짖는 마음으로 자신을 꾸짖고, 자신을 용서하는 마음으로 다른 사람을 용서하라.
積善之家에 必有餘慶이요 積不善之家에 必有餘殃이니라. 『周易』	선을 쌓은 집에는 반드시 남은 경사가 있고, 선을 쌓지 않은 집에는 반드시 남은 재앙이 있다.
破山中之賊은 易나 破心中之賊은 難이니라. 『明心寶鑑』	산속의 도적은 물리치기 쉬우나 마음속의 도적은 물리치기가 어렵다.
水至淸이면 則無魚하고 人至察이면 則無徒니라. 『孔子家語』	물이 너무 맑으면 고기가 없고, 사람이 너무 깨끗하면 따르는 사람들이 없다.
救寒莫如重裘요 止謗莫如自修라. 『三國志』	추위를 막는 데는 두꺼운 갖옷만 한 것이 없고, 비방을 그치게 하는 데는 스스로 닦는 것만 한 것이 없다.

3) 효도(孝道)

樹欲靜 而風不止하고 子欲養而親不待라. 『孔子家語』	나무는 고요하고자 하나 바람이 그치지 않고, 자식은 봉양하고자 하나 어버이는 기다려 주지 않는다.
人倫之中에 忠孝爲本이니 孝當竭力하고 忠則盡命하라. 『四字小學』	인륜 가운데에서 충성과 효도가 근본이 되니, 효도는 마땅히 힘을 다해야 하고, 충성은 목숨을 다해야 한다.
妻賢이면 夫禍少하고 子孝면 父心寬이라. 『推句』	아내가 어질면 지아비의 화가 적고, 자식이 효성스러우면 부모의 마음이 너그럽다.

父子는 天性之親이라. 生而育之하고 愛而敎之하며 奉而承之하고 孝而養之니라. 『童蒙先習』	아버지와 아들은 태어날 때부터 가까운 사이이다. 아버지는 낳아서 길러 주고 사랑하여 교육하며, 아들은 받들어 잇고 효도하고 봉양해야 한다.
我敬人親이면 人敬我親이니라. 『四字小學』	내가 남의 어버이를 공경하면 남들도 나의 어버이를 공경한다.
子孝雙親樂이요 家和萬事成이라. 『推句』	자식이 효성스러우면 어버이가 즐겁고, 집안이 화목하면 모든 일이 이루어진다.
身體髮膚는 受之父母하니 不敢毁傷이 孝之始也니라. 『孝經』	몸과 머리카락과 피부는 부모로부터 받은 것이니, 감히 훼손하고 상하게 하지 않는 것이 효도의 시작이다.
子는 不談父之過하고 父는 不言子之德이라. 『明心寶鑑』	아들은 아버지의 잘못을 말하지 않고, 아버지는 아들의 덕행을 말하지 않는다.
孝는 百行之源也니라. 『孝經』	효는 모든 행실의 근원이다.
孝有三이니 大孝尊親이요 其次弗辱이요 其下能養이니라. 『禮記』	효도에는 세 가지가 있으니, 가장 큰 효는 부모님을 존중하는 것이고, 그다음은 부모님을 욕되지 않게 하는 것이고, 마지막은 봉양하는 것이다.
父母在어시든 不遠遊하며 遊必有方이니라. 『小學』	부모가 살아 계시거든 멀리 나가서 놀지 말며, 놀 때에는 반드시 일정한 행방이 있어야 하느니라.
太公曰 孝於親이면 子亦孝之하나니 身旣不孝면 子何孝焉이리오. 『明心寶鑑』	태공이 말하기를 자식이 부모에게 효도하면 내 자식도 또한 효도하나니, 내가 이미 효도하지 않았다면, 자식이 어찌 내게 효도하리오.
父母之所愛를 亦愛之하고 父母之所敬을 亦敬之니라. 『禮記』	부모가 사랑하는 바를 또한 사랑하고, 부모가 공경하는 바를 또한 공경한다.

4) 친구(親舊)

交友之道는 莫如信義라. 『明心寶鑑』	친구를 사귀는 도리로는 믿음과 의리만 한 것이 없다.
不知其人이어든 視其友하라. 『耳談續纂』	그 사람을 모르거든 그 친구를 보라.
人之在世에 不可無友하니 以文會友하고 以友輔仁하라. 『四字小學』	사람이 세상에 살면서 친구가 없으면 안 되니, 글로써 친구를 모으고, 친구로써 인을 도와야 한다.
近墨者黑이요 近朱者赤하니 居必擇隣하고 就必有德하라. 『四字小學』	먹을 가까이하는 사람은 검어지고, 붉은색을 가까이하는 사람은 붉게 되니, 거처할 때는 반드시 이웃을 가리고, 나아갈 때는 반드시 덕이 있는 사람에게 가라.
擇而交之면 有所補益이나, 不擇而交면 反有害矣니라. 『四字小學』	가려서 사귀면 도움이 되고 유익한 것이 있으나, 가리지 않고 사귀면 도리어 해로움만 있게 된다.
朋友有過어든 忠告善導하라. 人無責友면 易陷不義니라. 『四字小學』	친구에게 잘못이 있으면 충고하여 착하게 인도하라. 사람에게 선을 요구하는 친구가 없으면 의롭지 못한 데에 빠지기 쉽다.
以勢交者는 勢傾則絶하고, 以利交者는 利窮則散이라. 『顔氏家訓』	권세를 가지고 사귀는 사람은 권세가 기울면 사귐이 끊어지고, 이익을 가지고 사귀는 사람은 이익이 다하면 흩어진다.
無友不如己者요 過則勿憚改니라. 『論語』	자기보다 못한 사람을 벗하지 말며, 잘못이 있으면 고치는 것을 꺼리지 마라.
二人同心이면 其利斷金이요, 同心之言이면 其臭如蘭이라. 『周易』	두 사람이 마음을 같이하면 그 날카로움이 쇠를 끊을 만하고, 같은 마음에서 나오는 말은 그 향기가 난초와 같다.
衣는 莫若新이요, 人은 莫若舊니라. 『晏子』	옷은 새것만 한 것이 없고, 사람은 오래 사귄 사람만 한 것이 없다.

友其正人이면 我亦自正하고, 從遊邪人이면 我亦自邪니라. 『四字小學』	바른 사람을 벗하면 나도 역시 저절로 바르게 되고, 간사한 사람을 따라 놀면 나도 역시 저절로 간사해진다.
路遙知馬力이요, 日久見人心이니라. 『明心寶鑑』	길이 멀어야 말의 힘을 알 수 있고, 날이 오래 지나야 사람의 마음을 알 수 있다.

5) 언어(言語)

無道人之短하고 無說己之長하라. 『文選』	다른 사람의 단점을 말하지 말고, 자기의 장점을 말하지 말라.
與人善言은 暖於布帛이요 傷人以言은 深於矛戟이라. 『荀子』	다른 사람에게 좋은 말을 해 주는 것은 베나 비단보다 따뜻하고, 다른 사람에게 말로 상처를 주는 것은 창으로 찌르는 것보다 심하다.
一言之善은 貴於千金이라. 『抱朴子』	한마디의 훌륭한 말은 천금보다 귀하다.
人之過失은 多由言語니 言必忠信하고 發必以時니라. 『栗谷集』	사람의 잘못은 대부분 말로 말미암는 것이니, 말은 반드시 성실하고 신의가 있어야 하고, 말하는 것은 반드시 때에 맞아야 한다.
言은 勿異於行하며 行은 勿異於言하라. 言行相符를 謂之正人이요 言行相悖를 謂之小人이니라. 『芝峰集』	말은 행동과 다르게 하지 말며, 행동은 말과 다르게 하지 말라. 말과 행동이 서로 맞는 것을 올바른 사람이라고 하고, 말과 행동이 서로 어그러지는 것을 소인이라고 한다.
無多言하라. 多言이면 大敗리라. 無多事하라. 多事면 多患이라. 『顔氏家訓』	말을 많이 하지 마라. 말이 많으면 일을 크게 그르친다. 일을 많이 벌이지 마라. 일이 많으면 근심이 많아진다.
良藥은 苦於口나 而利於病이요 忠言은 逆於耳나 而利於行이라. 『史記』	좋은 약은 입에는 쓰나 병에는 이롭고, 충고의 말은 귀에는 거슬리나 행동에는 이롭다.

黃金千兩이 未爲貴요 得人一語가 勝千金이니라. 『明心寶鑑』	황금 천 냥이 귀한 것이 아니라, 다른 사람의 좋은 말 한마디를 얻는 것이 천금보다 낫느니라.
無用之辯과 不急之察을 棄而勿治하라. 『荀子』	쓸데없는 말과 급하지 않은 일은 버려 두고 하지 말라.
不知而言은 不智요 知而不言은 不忠이라. 『韓非子』	모르면서 말하는 것은 지혜롭지 못한 것이고, 알면서도 말하지 않는 것은 성실하지 못한 것이다.
禍는 莫大於從己之欲하고 惡은 莫大於言人之非라. 『韓非子』	재앙은 자기의 욕심을 따르는 것보다 큰 것이 없고, 악은 남의 그릇됨을 말하는 것보다 큰 것이 없다.
附耳之言하고 勿聽言하며 或洩之談하고 勿言焉하라 『燕巖集』	귓속말은 듣지 말고, 혹 새어 나갈 이야기는 말하지 말라.

6) 기타

知足者는 貧賤亦樂이요 不知足者는 富貴亦憂니라. 『明心寶鑑』	만족할 줄 아는 사람은 가난하고 천하더라도 또한 즐겁고, 만족할 줄 모르는 사람은 부유하고 귀하더라도 또한 근심스럽다.
己所不欲을 勿施於人하라. 『論語』	자기가 하고자 하지 않는 바를 남에게 베풀지 마라.
靑은 取之於藍이나 而靑於藍이라. 『荀子』	푸른색은 쪽빛에서 나왔으나 쪽빛보다 푸르다.
水深은 可知나 人心은 難知니라. 『旬五志』	물의 깊이는 알 수 있으나, 사람의 마음은 알기가 어렵다.

福은 生於無爲하고 而患은 生於多欲이라. 『韓詩外傳』	복은 인위적으로 함이 없는 데서 생기고, 근심은 많은 욕심에서 생긴다.
瓜田에 不納履요 李下에 不整冠이라. 『文選』	오이 밭에서는 신발을 고쳐 신지 말고, 오얏나무 아래에서는 갓을 바로잡지 않는다.
不能舍己從人이 學者之大病이라. 『退溪集』	자기를 버리고 남을 따르지 않는 것이, 배우는 사람의 큰 병폐이다.
一年之計는 莫如樹穀이요 十年之計는 莫如樹木이요 終身之計는 莫如樹人이라. 『管子』	일 년의 계획은 곡식을 심는 것만 한 것이 없고, 십 년의 계획은 나무를 심는 것만 한 것이 없고, 평생의 계획은 인재를 양성하는 것만 한 것이 없다.
賓客來訪이어든 接待必誠하라. 賓客不來면 門戶寂寞이니라. 『四字小學』	손님이 찾아오거든 맞이하여 접대하기를 반드시 정성스럽게 하라. 손님이 오지 않으면 집안이 적적해지고 쓸쓸해진다.
雖有至聖이라도 不生而知요 雖有至才라도 不生而能이라. 『潛夫論』	비록 지극한 성인일지라도 나면서부터 아는 것은 아니고, 비록 지극한 인재일지라도 나면서부터 능한 것은 아니다.
人才엔 有高下이나 知物由學이라. 學之乃知하고 不問不識이라. 『論衡』	사람의 재주는 높고 낮음이 있으나 사물을 아는 것은 배움으로 말미암는다. 배우면 알게 되고 묻지 않으면 모른다.
耳聞之는 不如目見之요 目見之는 不如實踐之라. 『說苑』	귀로 듣는 것은 눈으로 보는 것만 못하고, 눈으로 보는 것은 실제로 하는 것만 못하다.
心不在焉이면 視而不見하고 聽而不聞하고 食不知其味니라. 『禮記』	마음에 있지 않으면 보아도 보이지 않고, 들어도 들리지 않고, 먹어도 그 맛을 모른다.
花有重開日이나 人無更少年이라. 『推句』	꽃은 다시 피는 날이 있으나, 사람은 다시 젊어질 수가 없다.

功者는 難成而易敗요 時者는 難得而易失이라. 『史記』	공은 이루기는 어려운데 실패하기는 쉽고, 때는 얻기는 어려운데 잃기는 쉽다.
正其本이면 萬事理라. 『後漢書』	그 근본을 바르게 하면 모든 일이 다스려진다.
樂易者는 常壽長하고 憂險者는 常夭折이라. 『荀子』	마음이 즐겁고 편안한 사람은 언제나 장수하고, 근심스럽고 위태로운 사람은 언제나 요절한다.
歲寒然後에 知松柏之後彫也니라. 『論語』	겨울이 된 뒤에야 소나무와 잣나무가 늦게 시드는 것을 알 수 있다.
面讚我善이면 諂諛之人이요 面責我過면 剛直之人이라. 『四字小學』	면전에서 나의 착함을 칭찬하면 아첨하는 사람이고, 면전에서 나의 잘못을 꾸짖으면 굳세고 강직한 사람이다.
忍一時之憤이면 免百日之憂니라. 『明心寶鑑』	한때의 분함을 참으면 백일의 근심을 면할 수 있다.
才俊人은 宜學恭謹이요 聰明人은 宜學沉厚니라. 『象村集』	재주가 뛰어난 사람은 마땅히 공손하고 근신함을 배워야 하고, 총명한 사람은 마땅히 침착하고 중후함을 배워야 한다.
奢者는 心常貧하고 儉者는 心常富니라. 『明心寶鑑』	사치하는 사람은 마음이 항상 가난하고, 검소한 사람은 마음이 항상 부유하다.
衆이 惡之라도 必察焉하며 衆이 好之라도 必察焉하라. 『論語』	여러 사람이 그를 미워하더라도 반드시 살펴야 하고, 여러 사람이 그를 좋아하더라도 반드시 살펴야 한다.
成功之難은 如登天이요 失敗之易는 如燒毛니라. 『孔子家語』	성공의 어려움은 마치 하늘에 오르는 것과 같고, 실패의 쉬움은 마치 털을 태우는 것과 같다.
君子는 貴人而賤已하고 先人而後已니라. 『禮記』	군자는 다른 사람을 귀하게 하고 자신을 천하게 하고, 다른 사람을 먼저 하고 자신을 나중에 하느니라.

4. 고사성어 익히기

1 教學相長

원문

雖有佳肴라도 弗食이면 不知其旨也며,

雖有至道라도 弗學이면 不知其善也라.

是故로 學然後에 知不足하고 敎然後에 知困하며

知不足然後에 能自反也요

知困然後에 能自强也니라.

故로 曰, 敎學相長也니라.

『禮記』

해석

비록 좋은 안주가 있다고 하더라도 먹지 않으면 그 맛을 알지 못하며,

비록 지극한 도리가 있다고 하더라도 배우지 않으면 그 훌륭함을 알지 못한다.

이런 까닭에 배운 뒤에 자신의 부족함을 알고,

가르친 뒤에 자신의 곤란함을 알며,

부족함을 안 뒤에 능히 스스로를 돌이켜 볼 수가 있고,

곤란함을 안 뒤에 능히 스스로 힘써 노력할 수가 있는 것이다.

그러므로 '가르치는 것과 배우는 것은 서로를 자라게 한다'고 하는 것이다.

자구풀이

* 雖 : 비록. 아무리 ~하여도.
* 佳肴 : 좋은 안주. '佳'는 '아름답다, 좋다', '肴'는 '술안주'를 말함.
* 其 : '그, 그것'이라는 지시 대명사. 여기서는 '佳肴'를 가리킴.
* 至道 : 지극한 道理(도리). '至'는 '지극하다, 이르다'.
* 是故 : 이런 까닭에. 그러므로.
* 然後 : 그런 뒤에.
* 困 : 난처하다. 곤란하다. 피곤하다. 고생하다.
* 自反 : 스스로를 돌이켜보아 자신을 반성하다.
* 强 : 힘쓰다. 강하다. 억지로.
* 長 : 자라다. 증진시키다. 길다. 어른. 우두머리.

2 守株待兎

원문

宋人에 有耕田者러니 田中有株하여

兎走觸株하여 折頸而死라.

因釋其耒而守株하여 冀復得兎나

兎不可復得이오 而身爲宋國笑러라.

『韓非子』

해석

송나라 사람 중에 밭을 가는 사람이 있었다.

밭 가운데 그루터기가 있었는데,

토끼가 달리다가 그루터기에 부딪쳐 목이 부러져 죽었다.

이 일로 말미암아 농부는 그 밭 갈던 쟁기를 놓고

그루터기를 지키면서 다시 그런 토끼가 나타나기를 바랐다.

그러나 토끼는 다시 얻을 수 없었고,

농부는 송나라 사람의 웃음거리가 되었다.

자구풀이

* 耕 : 논밭을 갈다. 평평하게 하다.
* 有 ~ 者 : ~하는 사람이 있다.
* 株 : 그루터기.
* 兎 : 토끼.
* 觸 : 닿다. 부딪치다.
* 折 : 꺾다. 자르다. 부러지다.
* 頸 : 목.
* 因 : ~로 인해서. ~로 말미암아.
* 釋 : 풀다. 내버리다.
* 耒 : 쟁기.
* 冀 : 바라다. 원하건대.
* **身爲宋國笑**: 자신은 송나라 사람에게 웃음거리가 되다. '爲 A 所 B(A에게 B를 당하다)'에서 '所'가 생략된 피동 구문.

3 助長

원문

宋人에 有閔其苗之不長而揠之者러니
芒芒然歸하여 謂其人曰, 今日病矣라,
予助苗長矣라 하거늘
其子趨而往視之하니 苗則槁矣러라.

『孟子』

해석

송나라 사람 중에 그 싹이 자라지 않는 것을 근심하여,
그것을 잡아 뽑은 사람이 있었다.
그리고 지친 듯이 집으로 돌아와 그 집안사람들에게 일러 말하기를,
"오늘은 피곤하구나. 내가 싹이 자라는 것을 도와주었다."라고 하니,
그 아들이 빠르게 달려가 그것을 보니, 싹은 말라 있었다.

자구풀이

* 閔 : 마음 아파하다. 근심하다.
* 苗 : 모. 곡식. 싹.
* 長 : 자라다.
* 揠 : 뽑다. 박힌 것을 뽑아 올리다.
* 芒芒然 : 피로하고 지친 모양. '然'은 동사나 형용사에 붙어서 부사를 만듦.
* 病 : 아프다. 피로하다.
* 予 : 나. 주다.
* 趨 : 달리다. 빨리 가다.
* 視之 : '之'는 '싹'을 가리키는 지시 대명사.
* 槁 : 마르다. 말라 죽다. 물기를 없애다.

4 狐假虎威

원문

虎求百獸而食之라가 得狐하다.
狐曰, 子無敢食我也라. 天帝使我長百獸하니
今子食我면 是는 逆天帝命也라.
子以我爲不信이면 吾爲子先行하리니
子隨我後하여 觀百獸之見我하고 而敢不走乎아. 虎以爲然하다.
故로 遂與之行한대 獸見之皆走하다.
虎不知獸畏己而走也하고 以爲畏狐也라 하다.

『戰國策』

해석

호랑이가 온갖 짐승들을 잡아먹다가 하루는 여우를 잡게 되었다. 그러자 여우가 말하기를, "그대는 감히 나를 잡아먹지 말라. 천제께서 나를 백수의 왕으로 삼았으니,
지금 그대가 나를 잡아먹으면 이는 천제의 명을 거스르는 것이다.
그대가 나를 믿지 못하겠다면, 내가 그대의 앞에 갈 테니
그대는 나를 따라오면서 온갖 짐승들이 나를 보고 달아나지 않는가를 보아라." 하였다.
호랑이는 그렇게 하기로 하였다.
드디어 여우의 뒤를 따라가는데, 짐승들이 그들을 보자 모두 달아났다.
호랑이는 짐승들이 자기를 두려워하여 달아나는 것을 알지 못하고,
여우를 두려워해서 달아나는 것이라고 여겼다.

자구풀이

* 百獸 : 온갖 짐승. '百'은 '모든'의 뜻.
* 子 : 2인칭 대명사. 그대. 당신.
* 使 : ~로 하여금 ~시키다.
* 逆 : 거스르다. 거절하다.
* 走 : 도망가다. 달아나다.
* 畏 : 두려워하다.
* 狐 : 여우.
* 敢 : 부사. 감히.
* 長 : 으뜸으로 삼다(여기다). 우두머리가 되다.
* 隨 : 따르다. 쫓다.
* 遂 : 드디어. 마침내.

5 孟母斷機

원문

自孟子之少也에 旣學而歸라.

孟母가 方績이라가 問曰, 學이 何所至矣오.

孟子曰, 自若也니이다.

孟母가 以刀로 斷其織이라. 孟子가 懼而問其故한대

孟母曰, 子之廢學이 若吾斷斯織이라.

孟母가 懼하여 旦夕으로 勤學不息하고 師事子思하여 遂成天下之名儒라.

君子가 謂하되 孟子는 知爲人母之道矣라 하니라.

『列女傳』

해석

맹자가 어렸을 적에 공부하다가 도중에 돌아왔다. 맹자 어머니가 베를 짜다가 묻기를, "학문이 어느 정도에 이르렀느냐?" 하니, 맹자가 말하기를, "그저 그렇습니다." 하자, 맹자의 어머니가 칼로 짜던 베를 끊어 버렸다. 맹자가 두려워하며 그 까닭을 물으니, 맹자 어머니가 말하기를, "네가 학문을 그만둔 것은 내가 이 짜던 베를 끊는 것과 같다." 라고 하였다. 맹자가 송구히 여겨서 아침저녁으로 부지런히 배워 쉬지 아니하고, 자사를 스승으로 섬겨서 마침내 천하의 유명한 유학자가 되었다.

군자가 이르기를, "맹자의 어머니는 사람의 어머니 되는 도리를 안다."라고 하였다.

자구풀이

* 旣 : 이윽고. 이미.
* 自若 : 그저 그렇다. 보통이다.
* 織 : 베를 짜다. 조직하다.
* 子 : 2인칭 대명사. 너.
* 旦夕 : 아침과 저녁.
* 遂 : 마침내. 드디어.
* 道 : 도리.
* 績 : 길쌈을 하다. 짜다.
* 斷 : 끊다. 자르다.
* 懼 : 두려워하다. 위태롭게 여기다.
* 廢 : 폐하다. 그만두다.
* 師事 : 스승으로 섬겨서 가르침을 받는 것.
* 子思 : 공자의 손자로 노나라 유학자.

6 螢雪之功

원문

晉車胤의 字는 武子라. 幼에 恭勤博覽하더니, 家貧하여 不常得油라.
夏月에 以練囊으로 盛數十螢하여 照書讀之하여 以夜繼日이러니
後에 官至尙書郎하니라.
今人이 以書窓으로 爲螢窓은 由此也니라.
晉孫康이 少淸介하여 交遊不雜이나 家貧無油하여 嘗映雪讀書러니
後에 官至御史大夫하니라.
今人이 以書案으로 爲雪案은 由此也니라.

『晉書』

해석

진나라 차윤의 자는 무자다. 어려서 공손하고 근면하며 책을 널리 보았는데,
집이 가난하여 항상 기름을 얻을 수는 없었다.
여름철에 비단 주머니로 수십 마리의 반딧불을 담아서 책을 비추어 읽으며,
밤으로써 낮을 이으니, 후에 벼슬이 상서랑에까지 이르렀다.
지금 사람들이 '서창'을 '형창'이라고 하는 것은 이것으로 말미암은 것이다.
진나라 손강은 어려서 성품이 맑고 깨끗하여 사귀어 놂에 번잡하지 않았다.
집이 가난하여 기름이 없어 일찍이 눈빛에 비추어 책을 읽더니,
후에 벼슬이 어사대부에까지 이르렀다.
지금 사람들이 '서안'을 '설안'이라고 하는 것은 이것으로 말미암은 것이다.

자구풀이

* 螢 : 반딧불.
* 勤 : 부지런하다.
* 不常 : 부분 부정. 항상 ~한 것은 아니다.
* 盛 : 담다. 채우다.
* 以夜繼日 : 밤으로써 낮을 잇다. 밤낮으로 계속하다.
* 嘗 : 일찍이. 맛보다. 시험하다.
* 恭 : 공손하다. 직분을 다하다.
* 博覽 : 책을 널리 두루 보다.
* 練囊 : 비단 주머니.
* 繼 : 잇다. 이어 나가다.
* 淸介 : 맑고 깨끗하다. 고고하고 강직하다.

7 伯牙絶絃

원문

列子에 曰, 伯牙는 善鼓琴하고 鍾子期는 善聽이라.

伯牙 鼓琴에 志在高山이어든 子期曰,

善哉라. 峨峨乎 若泰山이여 하고 志在流水어든 子期曰,

善哉라. 洋洋兮江河여 하니 伯牙所念을 子期必得之라.

呂氏春秋에 曰, 鍾子期死에 伯牙破琴絶絃하고 終身不復鼓琴하니

爲無足爲鼓者러라.

『蒙求』

해석

열자에 이르기를, "백아는 거문고를 잘 타고, 종자기는 잘 들었다.

백아가 거문고를 탈 때 그 뜻이 높은 산에 있으면 종자기는 말하기를

'좋구나. 높고 높은 것이 마치 태산 같구나.'라 하고,

그 뜻이 흐르는 물에 있으면 종자기는 말하기를 '광대함이 마치 강하와 같구나.'" 하여

백아가 생각한 것을 종자기가 반드시 맞히었다.

여씨춘추에 말하기를, "종자기가 죽으니 백아는 거문고를 깨뜨려 줄을 끊고,

평생토록 다시 거문고를 타지 않았다." 하니 거문고를 타서 들려줄 사람이 없었기 때문이다.

자구풀이

* 列子 : 전국 시대의 도가 열자와 그 제자가 쓴 도가 경전.
* 伯 : 맏. 우두머리.
* 善 : 잘하다.
* 峨峨 : 산이 높고 험한 모양.
* 洋洋 : 광대한 모양.
* 兮 : 어조사.
* 得 : 맞히다. 알다.
* 呂氏春秋 : 중국 진(秦)나라 여불위(呂不韋)가 선진 시대의 여러 학설과 사실(史實) · 설화를 모아 편찬한 26권의 책.
* 絶絃 : 거문고 줄을 끊다.

8 借鷄騎還

원문

金先生은 善談笑라. 嘗訪友人家러니 主人이 設酌에 只佐蔬菜하고 先謝曰,
家貧市遠하여 絶無兼味요, 惟淡泊하니 是愧耳로다.
適有群鷄하여 亂啄庭除어늘 金曰,
大丈夫는 不惜千金하니 當斬吾馬하여 佐酒하리다.
主人曰, 斬馬면 騎何物而還고. 金曰, 借鷄騎還하리라.
主人이 大笑하고 殺鷄餉之하니라.

『太平閑話滑稽傳』

해석

김 선생은 우스갯소리를 잘하였다. 일찍이 친구의 집을 방문하였는데,
주인이 술자리를 베풀기를 다만 채소로만 마련하고, 미리 사죄하며 말하기를,
"집이 가난하고 시장이 멀어서 전혀 맛 좋은 음식이 없고 오직 담박하기만 하니,
이것이 부끄러울 따름이오." 하였다.
마침 여러 마리의 닭이 있어서 뜰에서 어지럽게 먹이를 쪼아 먹고 있으니,
김 선생이 말하기를, "대장부는 천금을 아까워하지 않으니 마땅히 내 말을 베어서 술안주로 하라." 하니, 주인이 말하기를, "말을 잡으면 무엇을 타고 돌아가겠소?" 하였다.
김 선생이 말하기를, "닭을 빌려 타고 돌아가리라." 하니 주인이 크게 웃고 닭을 잡아서 그를 대접하였다.

자구풀이

- 善談笑 : 우스갯소리를 잘하다.
- 佐 : 돕다. 권하다.
- 淡泊 : 담박하다.
- 適 : 마침. 적합하다.
- 惜 : 아끼다. 아까워하다.
- 借鷄騎還 : 닭을 빌려서 타고 돌아가다.
- 設酌 : 술자리를 벌이다(차리다).
- 謝 : 사죄하다.
- 絶無兼味 : 전혀 맛있는 음식이 없다.
- 啄 : 부리로 먹이를 쪼다.
- 斬 : 베다. 끊어지다.
- 餉 : 대접하다. 제공하다.

9 漁父之利

원문

趙且伐燕이러니 蘇代爲燕하여 謂惠王曰,

今日臣來에 過易水할새 蚌方出曝이러니 而鷸啄其肉하니 蚌合而箝其喙라.

鷸曰, 今日不雨하고 明日不雨면 卽有死蚌이라 하니 蚌亦謂鷸曰,

今日不出하고 明日不出이면 卽有死鷸이라 하니 兩者가 不肯相舍어늘

漁者가 得而幷擒之라. 今趙且伐燕에 燕趙久相支하여

以敝大衆이면 臣恐强秦之爲漁父也로소이다. 願王熟計之也하소서.

惠王曰, 善타 하고 乃止하니라.

『戰國策』

해석

조나라가 장차 연나라를 치려고 하니, 소대가 연나라를 위해 혜왕에게 말하기를,

"오늘 신이 오다가 역수를 지날 때에 조개가 나와서 햇빛을 쬐고 있었는데,

도요새가 그 살을 쪼니 조개가 껍질을 닫아 그 부리를 물었습니다.

도요새가 말하기를, '오늘 비가 오지 않고 내일도 비가 오지 않으면 곧 조개는 죽을 것이다.' 하니, 조개도 또한 도요새에게 말하기를,

'오늘도 빼지 못하고 내일도 빼지 못하면, 곧 도요새는 죽을 것이다.'라고 하였습니다.

둘 다 서로 놓아주지 않으니, 어부가 모두 얻어서 그들을 사로잡았습니다.

지금 조나라가 장차 연나라를 치려 함에 연나라와 조나라가 오랫동안 서로 대치하여

대중들이 피폐해진다면, 신은 강한 진나라가 어부가 될까 봐 걱정이 됩니다.

원컨대 왕은 깊이 헤아려 주소서."라고 하니, 혜왕이 "좋다." 하고 이에 중지했다.

자구풀이

* 蘇代 : 合從說(합종설)로 유명한 蘇秦(소진)의 동생.
* 蚌 : 조개.
* 鷸 : 도요새. 물총새.
* 喙 : 부리. 주둥이.
* 敝 : 해지다. 부서지다.
* 熟計 : 깊이 헤아리다. 잘 생각하다.
* 易水 : 연나라와 조나라의 국경을 이루는 강.
* 曝 : 햇볕에 쬐어 말리다.
* 箝 : 재갈 먹이다. 끼우다.
* 支 : 버티다. 지탱하다.
* 恐 : ~할까 두렵다.
* 止 : 그치다. 그만두다.

10 苛政猛於虎

원문

孔子過 泰山側이러니 有婦人哭於墓者而哀라.

夫子式而聽之하고 使子路問之曰, 子之哭也이 壹似重有憂者로다.

而曰 然이니이다. 昔者에 吾舅死於虎하고 吾夫又死焉이러니 今吾子又死焉이다.

夫子曰 何爲不去也오. 曰, 無苛政이다.

夫子曰, 小子識之하라. 苛政猛於虎也니라.

『禮記』

해석

공자가 태산 옆을 지나다가 어떤 부인이 무덤가에서 울고 있었는데, 매우 슬퍼 보였다.

공자께서 그것을 듣고 자로를 시켜서 묻기를,

"그대의 울음이 한결같이 커다란 근심이 있는 것만 같습니다."라고 물었다.

부인이 말하기를, "그렇습니다. 옛날에 저희 시아버지께서 호랑이에게 돌아가셨고,

제 남편도 또 호랑이에게 돌아갔는데, 이젠 제 아들 또한 죽었습니다."라고 하였다.

공자께서 말씀하시기를, "어찌하여 떠나지 않으시나요?" 하니, 부인이 말하기를,

"가혹한 정치가 없기 때문입니다."라고 하였다. 공자께서 말씀하시기를,

"너희들은 이것을 기억해라. 가혹한 정치는 호랑이보다도 무서운 것이다."라고 하셨다.

자구풀이

* 泰山 : 중국 산동성 중부에 위치한 산.
* 側 : 옆. 곁.
* 有 : 어떤.
* 夫子 : 공자를 가리킴.
* 使 : ~로 하여금.
* 子路 : 공자의 제자로, 이름은 仲由(중유)이며, 十哲(십철)의 한 사람임.
* 子 : 2인칭 대명사. 그대. 너.
* 舅 : 시아버지.
* 苛政 : 가혹한 정치.
* 猛 : 사납다. 무섭다.
* 於 : ~보다. 비교격 조사.

11 矛盾

원문

楚人에 有鬻盾與矛者러니 譽之曰,
吾盾之堅은 莫能陷也라 하고, 又譽其矛曰,
吾矛之利는 於物에 無不陷也라 하니,
或이 曰, 以子之矛로 陷子之盾이면 何如오 하니
其人이 不能應也러라.

『韓非子』

해석

초나라 사람 중에 방패와 창을 파는 사람이 있었는데, 그것을 자랑하여 말하기를,
"내 방패의 견고함은 어느 것도 뚫을 수 없다"라고 하고, 또 그 창을 자랑하며 말하기를,
"내 창의 날카로움은 어느 물건도 뚫지 못하는 것이 없다"라고 하였다.
어떤 사람이 말하기를, "당신의 창으로 당신의 방패를 뚫으면 어떻게 되겠습니까?" 하니,
그 사람이 대답을 할 수가 없었다.

자구풀이

* 鬻 : 팔다. 값을 받고 물건을 주다.
* 矛盾 : 창과 방패.
* 莫能 : ~할 수 없다.
* 譽 : 기리다. 칭찬하다.
* 陷 : 빠지다. 떨어지다. 뚫다.
* 利 : 날카롭다. 예리하다. 이롭다.
* 無不 : 이중 부정을 통한 강한 긍정. ~하지 아니함이 없다.
* 或 : 어떤 사람[或者].
* 以 : ~로써(수단, 도구).
* 子 : 2인칭 대명사. 그대. 당신.
* 弗 : 아니다.
* 應 : 대답하다. 응하다.

12 指鹿爲馬

원문

丞相趙高가 欲專權이나 恐群臣不聽이라.
乃先設驗하여 指鹿獻於二世曰, 馬也라 하니
二世笑曰, 丞相誤邪라. 指鹿爲馬로다 하고
問左右하니 或默或言이라.
高가 陰中諸言鹿者以法이라.
後에 群臣이 皆畏高하여 無敢言其過라.

『蒙求』

해석

승상 조고가 권력을 마음대로 하고 싶었으나 여러 신하가 듣지 않을까 두려워하였다.
이에 먼저 시험을 꾸미며 사슴을 가지고 이세 황제에게 바치며 말하기를,
"말입니다."라고 하였다. 이세가 웃으며 말하기를,
"승상이 틀린 것 아니오? 사슴을 가리켜서 말이라 하는구료."라고 하고,
좌우에 있는 신하들에게 물으니, 어떤 사람은 말을 하지 않았고, 어떤 이는 말을 하였다.
조고가 몰래 사슴이라고 말한 여러 사람을 법으로써 해쳤다.
그런 뒤에 여러 신하가 모두 조고를 두려워하여 감히 그 잘못을 말하지 못하였다.

자구풀이

* 丞相 : 임금을 보좌하는 대신.
* 趙高 : 중국 진나라 때의 환관(宦官).
* 專 : 오로지 하다. 마음대로(제멋대로) 하다.
* 恐 : 두려워하다.
* 設驗 : 시험을 베풀다(꾸미다).
* 二世 : 중국 진나라 두 번째 임금인 호해(胡亥).
* 邪: '也'와 같은 뜻으로, '~한 것 아닌가?'의 의문형 어조.
* 左右 : 주위의 신하들.
* 默 : 입을 다물다. 묵묵히 있다.
* 陰 : 남몰래.
* 中 : 해를 끼치다.
* 諸 : 여럿. 다.
* 皆 : 모두.
* 過 : 허물. 잘못.

13 老萊之戲

원문

老萊子는 楚人이라.

少以孝行으로 養親하여 極甘脆라.

年七十에 父母猶存할새 萊子가 服斑爛之衣하고

爲嬰兒戲於親前하고 言不稱老러라.

爲親取食上堂이라가 足跌而偃하면

因爲嬰兒啼하니 誠至發中이라.

『蒙求』

해석

노래자는 초나라 사람이다.

어려서부터 효행으로 부모님을 봉양하여 맛이 달고 연한 음식으로 극진히 대접하였다.

나이 칠십 살이 되어도 부모님은 아직 건재하시니,

노래자는 무늬가 있는 색동옷을 입고 어버이 앞에서 어린아이의 장난을 하고,

말을 할 때에는 자신의 늙음을 말하지 않았다.

부모를 위하여 밥을 가지고 마루에 오르다가 발이 걸려 넘어지면,

그로 인하여 어린아이의 울음을 우니, 정성이 지극하여 마음속에서부터 나왔다.

자구풀이

* 老萊子 : 중국 춘추 시대의 초나라 은사(隱士).
* 脆 : 무르다. 약하다. 가볍다.
* 猶 : 아직. 오히려.
* 爛 : 곱다.
* 戲 : 놀다. 희롱하다.
* 跌 : 넘어지다. 비틀거리다.
* 啼 : 울다. 울부짖다.
* 極 : 지극히. 극진히 하다.
* 年 : 나이.
* 斑 : 얼룩진 무늬.
* 嬰兒 : 어린아이.
* 言不稱老 : 말함에 늙음을 일컫지 않다.
* 偃 : 쓰러지다. 넘어지다.

14 杞憂

원문

杞國에 有人이 憂天崩墜하여 身無所寄하고 廢寢食者러니
又有憂彼之所憂者하여 因往曉之하여 曰, 天은 積氣耳니 奈何憂崩墜乎아.
其人 曰, 天果積氣면 日月星宿는 不當墜也아. 曉之者曰,
日月星宿도 亦積氣中에 有光曜者이니 只使墜라도 又不能有所中傷이라.
其人 曰, 柰志壞何오. 曉者 曰, 地는 積塊耳니 奈何憂其壞아.
其人이 舍然大喜하고 曉之者도 亦舍然大喜하더라.

『列子』

해석

기나라에 어떤 사람이 하늘이 무너져 내려서 몸을 의지할 곳이 없을 것을 근심하고 침식을 그만둔 자가 있었다. 또 그 사람의 근심하는 바를 근심하는 자가 있어서 인하여 가서 깨우쳐 말하기를,
"하늘은 기가 쌓인 것일 따름이니, 어찌 무너질 것을 근심하는가?" 하였다.
그 사람이 말하기를, "하늘이 과연 기가 쌓인 것이라면 해와 달과 별도 마땅히 떨어지지 않겠는가?" 하였다. 깨우쳐 주는 자가 말하기를,
"해와 달과 별도 또한 기가 쌓인 가운데 빛남이 있는 것이니, 설령 떨어진다 하더라도 또한 맞아서 다치는 일은 있을 수 없다."라고 하였다. 그 사람이 말하기를,
"땅이 떨어지면 어찌 하리요?" 하니, 깨우쳐 주는 자가 말하기를,
"땅은 흙덩이가 쌓인 것일 따름이니, 어찌 그 무너질 것을 근심하겠는가?" 하였다.
그 사람은 근심을 떨쳐 버려 크게 기뻐하였고, 깨우쳐 주는 자도 또한 근심을 떨치며 크게 기뻐하였다.

자구풀이

* 杞 : 주(周) 대의 나라로, 우왕의 자손이 통치한 나라.
* 崩 : 무너지다.
* 寄 : 부치다. 맡기다. 의지하다.
* 曉 : 깨우치다. 깨닫다. 환하다. 새벽.
* 奈何~乎 : 어찌하여 ~하겠는가.
* 宿 : 별자리(수).
* 壤 : 흙. 땅.
* 有 : 어떤.
* 墜 : 떨어지다. 떨어뜨리다.
* 廢 : 폐하다. 그만두다.
* 積 : 쌓다. 모으다.
* 果 : 과연.
* 中 : 맞다. 적중하다.
* 舍然 : 떨쳐 버리고 홀가분한 모양.

15 猫項懸鈴

원문

群鼠가 會話曰, 穿庾捿廩에 生活이 可潤이로되 但所怕는 獨猫而已라.
有一鼠가 言曰, 猫項에 若懸鈴子면 庶得聞聲而遁死矣라 한데
群鼠가 喜躍曰, 子言이 是矣라. 吾何所怕耶아 하더라.
有大鼠가 徐言曰, 是則是矣나 然이나 猫項에 誰能爲我懸鈴耶아 하니,
群鼠가 愕然이러라.

『禦眠楯』

해석

쥐 떼들이 모여서 이야기하기를,
"곳집을 뚫고 쌀광 속에서 살면 생활이 윤택할 것 같은데, 다만 두려운 것은 오직 고양이일 뿐이다."라고 하니, 어떤 쥐 한 마리가 말하기를,
"고양이 목에 만약 방울을 달면 거의 소리를 듣고서 죽음을 피할 수 있을 것이다."라고 하자 쥐 떼들이 기뻐 날뛰면서 말하기를,
"당신의 말이 옳다. 우리가 무엇을 두려워하겠는가?"라고 하였다.
어떤 큰 쥐가 천천히 말하기를, "그 말이 옳기는 옳으나, 고양이 목에 누가 우리를 위하여 방울을 달 수 있겠는가?"라고 하니, 쥐 떼들이 깜짝 놀라고 말았다.

자구풀이

* 群鼠 : 쥐 떼. 쥐의 무리들.
* 捿 : 살다. 깃들이다. 쉬다.
* 怕 : 두려워하다. 부끄러워하다.
* 猫 : 고양이.
* 有 : 어떤.
* 鈴子 : 방울. '子'는 의미가 없는 접미사.
* 庶得 : 거의 ~할 수 있다.
* 子 : 2인칭 대명사. 그대. 당신. 자네.
* 愕然 : 깜짝 놀라는 모양.
* 庾 : 곳집. 노적가리.
* 廩 : 곳집. 쌀광. 저장하다.
* 獨 : 유독. 홀로. 오로지.
* 而已 : ~일 뿐이다.
* 懸 : 매달다. 매달리다.
* 遁 : 달아나다. 끊다. 피하다.
* 躍 : 날뛰다. 뛰어오르다.
* 徐言 : 천천히 말하다.

5. 명문장 익히기

1 爲己之學

원문

君子之學은 爲己而已니라.

所謂爲己者는 卽張敬夫所謂無所爲而然也니

如深山茂林之中에 有一蘭艸하여 終日薰香이로되

而不自知其爲香이 正合於君子爲己之義니라.

『退溪先生言行錄』

해석

군자가 하는 학문은 자기를 위할 따름이다. 이른바 '자기를 위함'이라는 것은 장경부가 '인위적으로 하는 바가 없는데도 저절로 그러함'이다. 가령 깊은 산과 무성한 숲의 가운데에 하나의 난초가 있어서 하루 종일 향기를 내뿜되, 그 난초는 스스로 그것이 향기가 됨을 알지 못하는 것과 같은 것이 바로 군자의 '자기를 위함'의 뜻에 맞아떨어지는 것이다.

자구풀이

* 爲己 : 자기를 위하다. '爲'는 '위하다, 행하다, 생각하다'의 뜻. '己'는 자기 자신.
* 爲己之學 : 孔子(공자)의 공부론으로, 자아를 정립하고 완성하기 위한 참된 학문을 말함. 입신양명과 부귀영화를 위해서 하는 爲人之學과 상대적 개념임.
* 而已 : 限定(한정)의 뜻을 나타내는 종결사. ~일 따름이다.
* 所謂 : 이른바.
* 張敬夫 : 중국의 성리학자인 張栻(장식). 옥천 장씨의 始祖(시조)로, 朱子(주자)의 친구임.
* 無所爲而然 : 인위적으로 하지 않았는데도 저절로 그렇게 되다.
* 艸 : '草'의 古字(고자).
* 薰 : 향초, 태우다, 향내가 나다.
* 正 : '바로, 정히'의 뜻을 가진 부사.

2 附耳之言

원문

附耳之言을 勿聽焉하며 戒洩之談을 勿言焉하라.

猶恐人知하며 柰何言之며 柰何聽之오.

旣言而復戒는 是는 疑人也라.

疑人而言之는 是는 不智也라.

『燕巖集』

해석

귀에 대고 속삭이는 말은 그것을 듣지 말며,

남에게 알리지 말라고 당부하는 말은 그것을 말하지 마라.

오히려 다른 사람이 알까를 두려워하면서

어찌하여 그것을 말하며, 어찌하여 그것을 듣는가?

이미 말하고 다시 (말하지 말라고) 경계하는 것은

이것은 다른 사람을 의심하는 것이다.

다른 사람을 의심하면서도 그것을 말하는 것은

이것은 지혜롭지 못한 것이다.

자구풀이

* 附 : 붙이다. 가까이 대다. 붙다.
* 勿 : 금지사. ~하지 말라.
* 聽 : 자세히 듣다. 기다리다.
* 戒 : 경계하다.
* 洩 : 새다. '泄'과 같은 뜻.
* 猶 : 오히려. 마치 ~와 같다. 같다.
* 恐 : 두려워하다. 아마. 의심컨대.
* 柰何 : 어찌하여.
* 柰何言之 : 어찌하여 그것을 말하는가. '之'는 '附耳之言'을 가리키는 지시 대명사.
* 旣 : 이미.
* 疑 : 의심하다.
* 智 : 지혜롭다. 지혜. 슬기롭다.

3 自暴自棄

원문

孟子가 曰, 自暴者는 不可與有言也요,

自棄者는 不可與有爲也니,

言非禮義를 謂之自暴也요,

吾身不能居仁由義를 謂之自棄也니라.

仁은 人之安宅也요 義는 人之正路也라.

曠安宅而弗居하며 舍正路而不由하니 哀哉라.

『孟子』

해석

맹자께서 말씀하시기를,

"자기가 자신을 해치는 자와는 더불어 이야기를 나눌 수 없으며,

자기가 자신을 버리는 자와는 더불어 큰일을 할 수가 없다.

말을 함에 예의에 그르다고 하는 것을 그것을 '自暴'라고 하며,

내 몸이 능히 인에 살며 의를 좇아 행할 수가 없는 것을 그것을 '自棄'라고 한다.

인은 사람의 편안한 집이요, 의는 사람의 바른 길이다.

편안한 집을 비워 두고서 살지 않으며,

바른 길을 버려두고서 가지 않으니, 슬프구나."라고 하셨다.

자구풀이

* 暴 : 해치다. 사납다. 음이 '폭'일 때는 '나타내다, 드러내다'의 뜻.
* 與 : 더불다. 함께 하다.
* 棄 : 버리다. 그만두다. 멀리하다.
* 不可 : 가히 ~할 수 없다.
* 吾 : 나. 자신. 당신.
* 由 : 말미암다. 따르다. 까닭. 이유.
* 有爲 : 목적이 있는 큰일을 하다.
* 謂之 : 그것을 일러서 ~라고 하다. '之'는 지시 대명사.
* 曠 : 비다. 공허하다.
* 舍 : 버리다. '捨'와 같은 뜻.

4 伯兪之孝

원문

伯兪有過어늘 其母笞之한대 泣이어늘
其母曰, 他日笞에 子未嘗泣이러니 今泣은 何也오.
對曰, 兪得罪에 笞常痛이러니 今母之力이 不能使痛이라.
是以로 泣하나이다.

『小學』

해석

백유가 잘못이 있어 그 어머니가 백유를 회초리로 때리니,
백유가 울었다. 그 어머니가 말하기를,
"다른 날에는 매를 때려도 네가 울지 않더니, 지금 우는 것은 어찌된 일이냐?"라고 하니,
대답하여 말하기를, "제가 예전에 죄를 지었을 때에 매가 항상 아팠는데,
지금은 어머니의 힘이 저를 아프게 하지 못했습니다.
이런 까닭으로 우는 것입니다."라고 하였다.

자구풀이

* 伯兪 : 한나라 때 韓兪로, 효성이 뛰어났음.
* 過 : 허물. 잘못.
* 笞 : 볼기를 치다. 매질을 하다. 태형.
* 嘗 : 일찍이. 맛보다.
* 泣 : 울다. 눈물.
* 子 : 2인칭 대명사로, '너'라는 뜻.
* 嘗 : 일찍이. 맛보다.
* 未嘗 : 일찍이 ~한 적이 없다.
* 對 : 대답하다.
* 兪 : 자신보다 윗사람에게 자신을 낮추어 공경하는 뜻. '저, 제가'의 뜻.
* 痛 : 아프다.
* 使 : ~로 하여금 ~하게 하다. 사역 동사.
* 是以 : 이 때문에.

5 貧而無屈

원문

曾子가 弊衣而耕이러니 魯君이 聞之하고 而致邑焉하다.
曾子가 固辭不受한대 或曰, 何固辭也오.
曾子가 曰, 吾聞하니 受人施者는 常畏人하고,
與人者는 常驕人이라 하니 縱君이 不我驕也나 吾豈能勿畏乎아.
吾는 與其富而畏人으로 不若貧而無屈이라.

『孔子家語』

해석

증자가 해진 옷을 입고 밭을 갈고 있었는데, 노나라 임금이 그 사실을 듣고,
그에게 영읍(領邑)을 주었다. 증자가 굳이 사양하며 받지 않으니,
어떤 사람이 말하기를,
"어찌 굳이 사양하는가?"라고 하였다.
증자가 말하기를,
"내가 들으니 '남이 베푼 것을 받은 사람은 항상 남을 두려워하고,
남에게 준 사람은 항상 남에게 교만하다.'라고 하니,
비록 임금께서 나에게 교만하게 하지 않는다 할지라도
내가 어찌 두려워하지 않을 수 있겠는가?
나는 부유하여 남을 두려워하느니 차라리 가난하지만 굴하지 않겠다."라고 하였다.

자구풀이

* 曾子 : 공자의 제자.
* 弊 : 해지다. 떨어지다. 낡다.
* 耕 : 논밭을 갈다. 평평하게 하다.
* 聞之 : 그것(증자가 해어진 옷을 입고 밭을 갈고 있다는 사실)을 듣다. '之'는 지시 대명사.
* 致邑 : 영지로 읍을 주다.
* 固 : 굳이. 한사코.
* 辭 : 사양하다.
* 何~也 : 어찌 ~하느냐.
* 驕人 : 남에게 교만하다.
* 縱 : 비록 ~일지라도.
* 豈~乎 : 어찌 ~하겠는가.
* 屈 : 지조를 굽히다.

6 不言長短

원문

昔에 黃相國喜가 微時에 行役이라가

憩于路上하여 見田夫駕二牛耕者하고 問曰,

二牛何者爲勝고 하니, 田夫不對하고 輟耕而至하여 附耳細語曰,

此牛勝이라 하다. 公이 怪之曰, 何以附耳相語오 하니 田夫曰,

雖畜物이라도 其心은 與人同也라.

此勝則彼劣이니 使牛聞之면 寧無不平之心乎아 한데

公이 大悟하여 遂不復言人之長短云이러라.

『芝峯類說』

해석

옛날에 상국 황희가 미천하던 때에 여행을 하던 중,

길 위에서 쉬다가 농부가 두 마리 소에 멍에를 하고 밭 가는 것을 보고 묻기를,

"두 마리 소 중에서 어느 것이 더 낫습니까?" 하니 농부가 대답을 하지 않고

밭갈이를 멈추고 와서 황희의 귀에 대고 나직하게 말하기를,

"이 소가 더 낫습니다." 하였다. 공이 그것을 이상하게 여겨 말하기를,

"무엇 때문에 귀에 대고 말합니까?"라고 하니, 농부가 말하기를,

"비록 기르는 짐승이지만, 마음은 사람과 똑같습니다. 이쪽이 나으면 저쪽이 못한 것이니,

만약 소가 이 말을 듣게 된다면 어찌 불평하는 마음이 없겠습니까?" 하였다.

공이 크게 깨달아, 마침내 다시는 다른 사람의 장단점을 말하지 않았다고 한다.

자구풀이

* 昔 : 옛날에.
* 微時 : 미천하고 보잘 것 없던 시절.
* 駕 : 멍에. 타다. 오르다.
* 輟耕 : 밭갈이를 멈추다.
* 雖 : 비록.
* 劣 : (수준, 정도, 지위가) 못하다. 적다.
* 悟 : 깨닫다. 도리를 알다.
* 相國 : 재상의 별칭.
* 憩 : 쉬다. 휴식하다.
* 勝 : 낫다. 이기다. 뛰어나다.
* 細語 : 속삭이듯 하는 나지막한 소리.
* 畜 : 기르다.
* 寧 : 어찌. 차라리.
* 長短 : 장점과 단점.

7 楚撻

원문

凡人不能教子女者는 亦非欲陷其罪惡이오,

但重於訶怒하여 傷其顔色하고 不忍楚撻慘其肌膚耳라.

當以疾病爲諭하리니 安得不用湯藥針艾救之哉아.

又宜思, 勤督訓者가 可願苛虐於骨肉乎아.

誠不得已也라.

『顔氏家訓』

해석

무릇 사람들이 자녀를 교육하지 못하는 것은 자녀가 죄악에 빠지기를 바라서가 아니다.

다만 심하게 꾸짖다가 그 안색을 상하게 하기를 꺼려서,

차마 회초리로 자녀들의 살갗에 상처를 내지 못하여서일 뿐이다.

마땅히 질병에 비유할 만하니,

어찌 달인 약이나 침이나 뜸을 쓰지 않고 고칠 수가 있겠는가?

또 마땅히 생각해야 하나니,

부지런히 감독하여 가르치는 자가 뼈와 살을 나눈 자식을 사납게 대하고자 바라겠는가?

진실로 어쩔 수 없어서일 뿐이다.

자구풀이

* 凡 : 무릇. 평범하다.
* 但 : 다만. 부질없이.
* 訶 : 꾸짖다. 야단하다. 책망하다.
* 慘 : 참혹하다. 무자비하다. 비참하다.
* 諭 : 깨우치다. 견주다. 비유하다.
* 艾 : 쑥. 뜸. 뜸을 놓는 재료.
* 骨肉 : 뼈와 살을 나눈 부모나 형제.
* 陷 : 빠지다. 떨어뜨리다.
* 重 : 어렵게 여기다.
* 楚撻 : 회초리로 매질하다(때리다).
* 肌膚 : 살갗. 피부.
* 湯藥 : 달인 약.
* 苛虐 : 사납게 대하다.

8 自非其非

원문

天下之情은 是是非非而已矣니라.
我之是也를 而人이 非之는 固無損於我也어니와
我之非也를 而人이 是之는 亦無益於我也니라.
若自是其是하면 則於我에 有損矣요, 自非其非하면 則於我에 有益矣니라.
所以로 我有是也로되 而不可有自是之心하고 我有非也면
則不可無自非之心이니 所謂自非其非者니라.

『朴殷植全書』

해석

천하의 이치는 옳은 것을 옳다고 하고 그른 것을 그르다고 함일 뿐이다.
내가 옳은 것을 남이 그르다고 하는 것은 진실로 나에게 손해됨이 없고,
내가 그른 것을 남이 옳다고 하는 것도 또한 나에게 이익 됨이 없는 것이다.
만약 스스로 그 옳은 것을 옳다고 한다면 나에게 손해가 있을 것이요,
스스로 자신의 그름을 그르다고 한다면 나에게 이익이 있을 것이다.
그러므로 내가 옳아도 자신이 옳다고 하는 마음을 가져서는 안 되며,
내가 그르다고 하더라도 자신을 그르다고 하는 마음이 없어서는 안 되니,
이른비 '스스로 자신의 그름을 그르다고 함'이라고 한다.

자구풀이

* 情 : 이치. 진실. 사랑. 심정.
* 是是非非 : 옳은 것은 옳다고 하고, 그른 것은 그르다고 하다.
* 而已矣 : ~일 뿐이다.
* 固 : 진실로.
* 損 : 덜다. 줄이다. 손해를 보다.
* 益 : 이익. 더하다. 유익하다.
* 所以 : 그러므로. 까닭. 원인.
* 所謂 : 이른바.

9 舍生取義

원문

魚도 我所欲也며 熊掌도 亦我所欲也언마는
二者를 不可得兼인댄 舍魚而取熊掌者也로리다.
生亦我所欲也며 義亦我所欲也언마는
二者를 不可得兼인댄 舍生而取義者也로리다.

『孟子』

해석

물고기도 내가 바라는 바이며 곰 발바닥도 내가 바라는 것이지마는
이 두 가지를 모두 겸할 수 없다면 물고기를 버리고 곰 발바닥을 취할 것이다.
생도 또한 내가 바라는 바이며 의도 또한 내가 바라는 바이지마는
이 두 가지를 모두 겸할 수 없다면 생을 버리고 의를 취할 것이다.

자구풀이

* 所欲 : 하고자 하는 바. 바라는 바.
* 取 : 취하다. 가지다.
* 熊掌 : 곰 발바닥 요리.
* 二者 : 두 가지. 물고기와 곰 발바닥을 가리킴.
* 不可得 : ~할 수 없다.
* 兼 : 겸하다. 함께하다.
* 舍 : 버리다. '捨'와 같은 뜻.
* 義 : 의. 의리.
* 取 : 취하다.

10 與善人居

원문

與善人居하면 如入芝蘭之室하여

久而不聞其香이나 卽與之化矣니라.

與不善人居하면 如入鮑魚之肆하여

久而不聞其臭나 亦與之化矣니라.

是以로 君子는 愼其所與處니라.

『孔子家語』

해석

착한 사람과 함께 있으면 마치 지초와 난초가 있는 방에 들어가서

오래 있으면 그 좋은 향기를 맡지 못하지만 그에 동화되는 것과 같다.

착하지 않은 사람과 함께 있으면 마치 절인 어물을 파는 가게에 들어가서

오래 있으면 그 더러운 냄새를 맡지 못하지만 또한 그것에 동화되는 것과 같다.

이런 까닭에 군자는 그 함께할 사람을 삼가야 하는 것이다.

자구풀이

* 與 : ~와 함께하다. 더불다.
* 如 : 마치 ~와 같다.
* 芝蘭 : 향기로운 풀인 지초와 난초.
* 室 : 집. 방. 건물.
* 久 : 오래다. 변하지 아니하다.
* 聞 : 냄새를 맡다.
* 化 : 동화되다.
* 鮑 : 소금에 절인 물고기.
* 肆 : 가게. 방자하다. 마음대로 말하다.
* 臭 : (더러운) 냄새. 나쁜 소문.
* 是以 : 이런 까닭으로.
* 愼 : 삼가다.

11 道義之交

원문

夫市交는 以利하고 面交는 以陷이라.
故로 雖有至懽이라도 三求면 則無不踈하고,
雖有宿怨이라도 三與면 則無不親이라.
故로 以利면 則難繼요 以陷이면 則不久라.
夫 大交는 不面하고 盛友는 不親하나니
但交之以心하고 而友之以德이라.
是爲道義之交니 上友千古하여 而不爲遙하고
相居萬里하여 而不爲踈라.

『穢德先生傳』

해석

무릇 시정의 사귐은 이익으로써 하고, 얼굴로의 사귐은 아첨으로써 하는 법이다. 그러므로 비록 좋은 사이일지라도 재물을 여러 번 달라고 구하면 사이가 소원해지지 않는 이가 없겠고, 아무리 묵은 원한이 있더라도 재물을 여러 번 주면 친하게 되지 않는 이가 없을 것이다. 그러므로 이익으로써 사귀면 계속 이어지기가 어렵고, 아첨으로써 사귀면 오래가지 않는다.

무릇 크게 사귐은 얼굴빛에 있지 않고, 성대하게 벗하는 것은 특별한 사람과 가까이함에 있는 것이 아니다. 다만 사귀기를 마음으로써 하고, 벗하기를 덕으로써 해야 하는 것이다. 이것이 도의의 사귐이다. 위로 천 년 전의 사람을 벗하여도 멀지 않고, 서로 멀리 떨어진 곳에 살더라도 사이가 소원해지지 않는 법이다.

자구풀이

* 市交 : 이익의 유무에 따라서 사귀다.
* 面交 : 얼굴만 보고 사귀다.
* 陷 : 빠지다. 떨어지다.
* 懽 : 기뻐하다. 歡과 同字.
* 三 : 여러 번.
* 踈 : 성기다. 멀어지다.
* 宿怨 : 오랫동안 가지고 있던 묵은 원한.
* 無不 : 이중 부정. ~하지 않을 수가 없다.
* 盛 : 성대하다. 채우다.
* 上友 : 위로 고인과 벗하다.
* 遙 : 멀다. 아득하다.
* 踈 : 성기다. 소원하다.

12 忍辱而待

원문

尹淮가 少時에 有鄕里之行하여 暮投逆旅하니 主人이 不許止宿하여 坐於庭邊이라.
主人兒가 持大眞珠出來라가 落於庭中이어늘 旁有白鵝하여 卽呑之라.
俄而主人이 索珠不得하고 疑公竊取하여 縛之하여 朝將告官이라.
公不與辨하고 只云, 彼鵝亦繫吾傍하라.
將朝에 珠從鵝後出하니 主人이 慚謝曰, 昨何不言고 하니,
公曰, 昨日言之면 則主必剖鵝覓珠라. 故로 忍辱而待라 하더라.

『練藜室記述』

해석

윤회가 젊었을 때에 시골을 가다가 날이 저물어 여관에 투숙하려고 하니, 주인이 머물러 묵는 것을 허락하지 않아 뜰 가에 앉아 있었다. 주인집 아이가 커다란 진주를 가지고 나오다가 뜰에 떨어뜨렸는데, 곁에 있던 흰 거위가 곧바로 그것을 삼켜 버렸다. 이윽고 주인이 진주를 찾았으나 찾지 못하고 공이 몰래 가져갔다고 의심하여 그를 묶고 아침이 되면 그를 관가에 고발하려고 하였다. 공은 변명은 하지 않고 다만 이르기를, "저 거위도 역시 내 곁에 묶어주시오."라고 하였다.
아침이 되니 진주가 거위의 항문으로부터 나오니 주인이 부끄러워 사죄하며 말하기를, "어제는 왜 말하지 않았습니까?" 하였다. 공이 말하기를, "어제 그것(거위가 진주를 삼킨 사실)을 말했다면 당신은 반드시 거위의 배를 갈라 진주를 찾았을 것이오. 그러므로 욕을 참고 기다린 것이오." 하였다.

자구풀이

* 暮 : 날이 저물다. 저물 무렵.
* 止宿 : 머물러서 묵다.
* 持 : 손에 잡다. 지니다.
* 鵝 : 거위.
* 俄 : 이윽고. 갑자기.
* 慚 : 부끄러워하다. 부끄럽게 여기다.
* 覓 : 찾다. 구하다.
* 投 : 투숙하다. 묵다.
* 邊 : 가장자리. 근처. 부근.
* 旁 : 곁. 옆.
* 呑 : 삼키다.
* 縛 : 묶다. 감다. 속박하다.
* 剖 : 쪼개다. 가르다.

13 畫鬼容易

원문

客有爲齊王畫者러니 齊王이 問曰,

畫孰最難者오. 曰, 犬馬가 最難이니이다.

孰最易者오. 曰, 鬼魅가 最易니이다 하더라.

夫犬馬는 人所知也라. 旦暮罄于前하여 不可類之니 故難이로되

鬼魅는 無形者라 不罄于前이니 故易之也니라.

『韓非子』

해석

어떤 나그네가 제나라 왕을 위하여 그림을 그리는데, 제나라 임금이 물었다.

"그림은 무엇을 그리기가 가장 어려운가?" 하니, 그가 대답하기를,

"개나 말이 가장 어렵습니다."라고 하였다.

왕은 "무엇을 그리는 것이 가장 쉬운가?"라고 물으니, 그가 말하기를,

"도깨비가 가장 쉽습니다."라고 하였다.

무릇 개와 말은 사람들이 아는 것으로써 아침저녁으로 앞에 매어 있어서 비슷하게 그릴 수가 없으므로 어려운 것이다. 그러나 도깨비는 형체가 없는 것이라서 앞에 매어 놓을 수가 없으므로 쉽다고 말한 것이다.

자구풀이

* 客 : 나그네. 손님.
* 爲 : 위하다. 되다. 하다.
* 孰 : 의문 대명사. 누구. 어느. 무엇.
* 最 : 가장. 제일.
* 難 : 어렵다.
* 易 : 쉽다. 바꾸다(역).
* 鬼魅 : 도깨비.
* 夫 : 대저. 무릇.
* 旦暮 : 아침과 저녁.
* 罄 : 매다. 매어 놓다. 매달다.
* 故 : 그러므로.

제 4 장

사자성어 100

	성어	풀이
1	街談巷說 거리가 말씀담 거리항 말씀설	길거리의 이야기. 거리나 사람들 사이에서 떠도는 소문이나 풍문. [유의어] 도청도설(道聽塗說)
2	苛斂誅求 매울가 거둘렴 목벨주 구할구	여러 명목으로 세금을 가혹하게 거두어 들여서 백성들의 재물을 억지로 빼앗음. [유의어] 가정맹어호(苛政猛於虎)
3	刻骨難忘 새길각 뼈골 어려울난 잊을망	뼈에 새겨 잊기가 어렵다는 뜻으로, 은혜를 마음속에 깊이 새겨서 잊지 아니함. [유의어] 결초보은(結草報恩), 백골난망(白骨難忘)
4	刻舟求劍 새길각 배주 구할구 칼검	배에 새겨 칼을 구한다. 시대의 변화에 올바로 대처하지 못하는 고지식하고 융통성 없는 어리석은 사람. [유의어] 수주대토(守株待兎)
5	肝膽相照 간간 쓸개담 서로상 비칠조	간과 쓸개를 서로 비출 정도로, 서로의 마음을 터놓고 지내는 친한 친구 사이. [유의어] 관포지교(管鮑之交), 막역지우(莫逆之友), 죽마고우(竹馬故友)
6	甘呑苦吐 달감 삼킬탄 쓸고 토할토	달면 삼키고 쓰면 뱉는다. 옳고 그름에 상관없이 자기 비위에 맞으면 좋아하고, 그렇지 않으면 싫어함. [유의어] 염량세태(炎凉世態)
7	改過遷善 고칠개 허물과 옮길천 착할선	지난날의 잘못을 뉘우치고 고쳐서 착하게 되다.
8	牽强附會 끌견 강할강 붙을부 모일회	이치에 맞지 않는 것을 억지로 끌어다 붙여 모은다. 어떤 일이나 상황을 자신에게 유리하게 끌어댐을 의미. [유의어] 아전인수(我田引水)
9	見蚊拔劍 볼견 모기문 뺄발 칼검	모기를 보고 칼을 빼어 든다. 보잘것없는 작은 일에 지나치게 큰 대책을 세움.
10	結者解之 맺을결 놈자 풀해 갈지	묶은 사람이 그것을 풀어야 한다. 어떤 일을 저지른 사람이 그것을 해결해야 함.

	성어	풀이
11	結草報恩 맺을결 풀초 갚을보 은혜은	풀을 묶어서 은혜를 갚다. 죽어서라도 은혜를 잊지 않고 갚음을 말함. [유의어] 백골난망(白骨難忘)
12	傾國之色 기울경 나라국 갈지 빛색	나라를 기울게 할 만한 여색. 여색으로 인해 나라의 운명이 좌우될 정도의 빼어난 미인. [유의어] 경성지색(傾城之色)
13	鷄卵有骨 닭계 알란 있을유 뼈골	계란에도 뼈가 있다. 또는 달걀이 곯았다는 의미. 운이 나쁜 사람은 어쩌다가 좋은 기회를 만나도 역시나 일이 잘 안됨을 비유.
14	孤掌難鳴 외로울고 손바닥장 어려울난 울명	한쪽 손바닥으로는 울기가 어렵다. 혼자서는 일을 이루기가 어려움을 비유. [유의어] 십시일반(十匙一飯)
15	苦盡甘來 쓸고 다할진 달감 올래	쓴 것이 다하면 단 것이 온다. 고생 끝에 즐거움이 온다는 의미. [반의어] 흥진비래(興盡悲來)
16	曲學阿世 굽을곡 배울학 아첨할아 세상세	배운 것을 굽혀서 세상에 아부한다. 바르지 못한 학문으로 세상의 인기에 영합하려고 힘씀을 의미.
17	過猶不及 지나칠과 오히려유 아니불 미칠급	지나치면 오히려 아니 함만 못하다. 정도가 지나친 것은 미치지 못한 것과 같음.
18	刮目相對 비빌괄 눈목 서로상 대할대	눈을 비비고 상대방을 본다. 남의 학식이나 재주가 눈에 띄게 향상된 것을 의미.
19	巧言令色 공교할교 말씀언 하여금령 빛색	교묘한 말과 아첨하는 얼굴색. 남에게 잘 보이려고 그럴듯하게 꾸며 대는 말과 알랑거리는 태도.
20	敎學相長 가르칠교 배울학 서로상 길장	가르치고 배우면서 서로 자라게 한다. 스승은 학생에게 가르침으로써 성장하고, 제자는 배움으로써 진보함을 의미.

	성어	풀이
21	口蜜腹劍 입구 꿀밀 배복 칼검	입에는 꿀이 있고 뱃속에는 칼이 있다. 겉으로는 친한 적 하지만 속으로는 미워하거나 해칠 생각이 있음을 비유. [유의어] 표리부동(表裏不同), 양두구육(羊頭狗肉), 면종복배(面從腹背)
22	近墨者黑 가까울근 먹묵 사람자 검을흑	먹을 가까이한 사람은 검어진다. 악한 사람을 가까이하면 자신도 악해진다는 뜻으로, 주변 환경의 중요성을 의미. [유의어] 근주자적(近朱者赤)
23	錦上添花 비단금 위상 더할첨 꽃화	비단 위에 꽃을 더한다. 좋은 일에 더 좋은 일이 더해짐을 비유. [반의어] 설상가상(雪上加霜)
24	錦衣夜行 비단금 옷의 밤야 다닐행	비단옷을 입고 밤거리를 돌아다닌다. 자랑삼아 하지만 생색이 나지 않는 일이나 아무 부질없는 행동을 비유. [반의어] 금의주행(錦衣晝行)
25	難兄難弟 어려울난 맏형 어려울난 아우제	형이라 하기도 어렵고 동생이라 하기도 어렵다. 우열을 가리기가 어려운 경우를 말함. [유의어] 막상막하(莫上莫下)
26	囊中之錐 주머니낭 가운데중 갈지 송곳추	주머니 속의 송곳. 재능이 뛰어난 사람은 숨어 있어도 저절로 남의 눈에 띄게 됨을 비유.
27	累卵之危 쌓을누 알란 갈지 위태할위	달걀을 쌓아 놓은 것 같이 매우 위태로운 상황. [유의어] 누란지세(累卵之勢), 백척간두(百尺竿頭), 풍전등화(風前燈火)
28	多多益善 많을다 많을다 더할익 착할선	많으면 많을수록 더욱 좋다.
29	大器晚成 큰대 그릇기 늦을만 이룰성	큰 그릇은 늦게 이루어진다. 크게 될 인물은 많은 노력과 역경을 이겨 내고 늦게 이루어짐을 비유.
30	同價紅裳 같을동 값가 붉을홍 치마상	같은 값이면 다홍치마. 값이 같거나 똑같은 노력을 들인다면 마음에 드는 것을 가짐을 비유.

	성어	풀이
31	同病相憐 같을동 병병 서로상 불쌍할련	같은 병을 앓는 사람끼리 서로 불쌍하게 여긴다. 어려운 처지에 있는 사람끼리 서로 가엾게 여겨 동정하고 도움.
32	同床異夢 같을동 평상상 다를이 꿈몽	같은 잠자리에서 서로 다른 꿈을 꾼다. 겉으로는 같이 행동하면서 속으로는 각기 다른 생각을 하는 것을 비유.
33	凍足放尿 얼동 발족 놓을방 오줌뇨	언 발에 오줌 누기. 잠시 동안의 효력만 있을 뿐, 곧 사라져 없어짐.
34	馬耳東風 말마 귀이 동녘동 바람풍	말의 귀에 동풍이 불어도 말은 아랑곳하지 않는다. 남의 말을 귀담아듣지 않고, 그냥 지나쳐 흘려버림. [유의어] 우이독경(牛耳讀經)
35	亡羊之歎 망할망 양양 갈지 탄식할탄	갈림길이 많아 찾는 양을 잃어버리고 난 후의 탄식. 학문의 길이 여러 갈래여서 진리를 찾기가 어려움을 비유. [유의어] 다기망양(多岐亡羊)
36	孟母三遷 맏맹 어미모 석삼 옮길천	맹자의 어머니가 자식 교육을 잘 하기 위해서 세 번(공동묘지, 시장, 서당) 이사한 일. [동의어] 맹모삼천지교(孟母三遷之敎)
37	目不識丁 눈목 아니불 알식 고무래정	쉬운 한자인 고무래 정자도 알지 못한다. 한 글자도 알지 못하는 아주 무식한 사람. [유의어] 숙맥불변(菽麥不辨)
38	聞一知十 들을문 한일 알지 열십	하나를 들으면 열을 안다. 지극히 총명하고 뛰어난 재능을 가지고 있음. [유의어] 박학다식(博學多識)
39	門前成市 문문 앞전 이룰성 저자시	문 앞에 시장을 이룬다. 찾아오는 사람이 많음을 비유.
40	拍掌大笑 칠박 손바닥장 큰대 웃을소	손바닥을 치면서 크게 웃는다. 너무 우습거나 기쁜 일로 인해 크게 웃는 모양. [유의어] 파안대소(破顔大笑)

성어	풀이
41 反哺之孝 돌이킬반 먹을포 갈지 효도효	어미 새를 먹여 봉양하는 까마귀의 효도. 자식이 자라서 부모의 은혜에 보답하는 효성. [유의어] 혼정신성(昏定晨省)
42 拔本索源 뽑을발 근본본 찾을색 근원원	근본을 뽑고 근원을 막는다. 좋지 않은 일의 근본 원인이 되는 요소를 완전히 없애 버림.
43 傍若無人 곁방 같을약 없을무 사람인	곁에 사람이 없는 것과 같다. 주변에 아무도 없는 듯이 거리낌 없이 함부로 말하거나 행동함. [유의어] 안하무인(眼下無人)
44 不立文字 아니불 설립 글월문 글자자	불도의 깨달음은 글이나 말로 설명하지 않고, 마음에서 마음으로 전함. [유의어] 이심전심(以心傳心), 교외별전(敎外別傳)
45 不恥下問 아니불 부끄러울치 아래하 물을문	지위나 학식 따위가 자기보다 못한 아랫사람에게 묻는 것을 부끄러워하지 않는다. 학문 연마에 정진하는 기본적인 자세를 말함.
46 四顧無親 넉사 돌아볼고 없을무 친할친	사방을 돌아봐도 친한 사람이 없다. 의지할 만한 사람이 아무도 없는 외로움.
47 四面楚歌 넉사 낯면 초나라초 노래가	적에게 포위되어 아무에게도 도움이나 지지를 받을 수 없는 상황. [유의어] 진퇴양난(進退兩難), 고립무원(孤立無援)
48 事必歸正 일사 반드시필 돌아갈귀 바를정	모든 일은 반드시 정의로운 데로 돌아간다. 무슨 일이든 결국 세상의 옳은 이치대로 돌아간다는 의미.
49 三旬九食 석삼 열흘순 아홉구 밥식	30일에 아홉 끼니밖에 못 먹는다. 집안이 매우 가난한 상황.
50 桑田碧海 뽕나무상 밭전 푸를벽 바다해	뽕나무 밭이 푸른 바다가 되었다. 세상일의 변천이 심함을 비유. [유의어] 창상지변(滄桑之變)

	성어	풀이
51	塞翁之馬 변방새 늙은이옹 갈지 말마	변방 늙은이의 말. 인생의 길흉화복은 수시로 변화하기 때문에 예측하기 어렵다.
52	先公後私 먼저선 공공 뒤후 개인사	공적인 일을 먼저 하고, 사적인 일을 나중에 한다. 공직자의 기본자세를 말함.
53	雪上加霜 눈설 위상 더할가 서리상	눈 위에 서리를 더한다. 어려운 일이나 불행이 겹쳐서 일어남을 비유. 엎친 데 덮친 격. [반의어] 금상첨화(錦上添花)
54	小貪大失 작을소 탐할탐 큰대 잃을실	작은 것을 탐하다가 큰 것을 잃는다. 눈앞의 이익에 연연하다가 오히려 큰 손실을 입음. [유의어] 교각살우(矯角殺牛)
55	首丘初心 머리수 언덕구 처음초 마음심	여우가 죽을 때가 되면 자기가 살던 굴이 있는 쪽으로 고개를 두고 죽는다. 고향을 그리워하는 마음을 이름. [유의어] 간운보월(看雲步月)
56	手不釋卷 손수 아니불 풀석 책권	손에서 책을 놓지 않는다. 부지런히 학문에 힘씀.
57	守株待兎 지킬수 그루주 기다릴대 토끼토	그루터기를 지키며 토끼를 기다린다. 한 가지 일에만 얽매여 발전을 모르는 어리석은 사람. [유의어] 각주구검(刻舟求劍)
58	脣亡齒寒 입술순 없을망 이치 찰한	입술이 없으면 이가 시리다. 하나가 망하면 다른 하나도 그 영향을 받아 온전하기 어려움을 비유.
59	識字憂患 알식 글자자 근심우 근심환	글자를 아는 것이 근심. 학식이 있는 것이 도리어 근심을 일으키게 된다.
60	十匙一飯 열십 숟가락시 한일 밥반	열 사람이 한 숟가락씩 밥을 보태면 한 사람이 먹을 만한 밥이 된다. 여러 사람이 힘을 합하면 한 사람을 도울 수 있음을 비유. [유의어] 고장난명(孤掌難鳴)

	성어	풀이
61	我田引水 나아 밭전 끌인 물수	내 논에 물 대기. 자기에게 이롭게 생각하거나 행동함을 비유. [유의어] 견강부회(牽强附會)
62	安分知足 편안할안 나눌분 알지 발족	편안한 마음으로 자기의 분수를 지키며 만족할 줄을 안다.
63	眼下無人 눈안 아래하 없을무 사람인	눈 아래에 사람이 없다. 교만하여 모든 사람을 업신여김.
64	羊頭狗肉 양양 머리두 개구 고기육	양의 머리를 내걸고 실제로는 개고기를 판다. 겉으로는 훌륭한 듯하나 속은 보잘 것 없음을 비유. [유의어] 표리부동(表裏不同)
65	良藥苦口 좋을양 약약 쓸고 입구	좋은 약은 입에 쓰다. 좋은 충고는 비록 귀에 거슬리지만 자신에게는 이롭다.
66	漁父之利 고기잡을어 아비부 갈지 이로울리	어부의 이익. 두 사람이 다투는 사이에 관계가 없는 제삼자가 이익을 보게 됨을 비유. [유의어] 견토지쟁(犬免之爭)
67	語不成說 말씀어 아니불 이룰성 말씀설	말이 말을 이루지 못한다. 말이 조금도 이치에 맞지 않음.
68	易地思之 바꿀역 땅지 생각사 갈지	처지를 바꾸어 생각하다. 자신의 생각이나 판단에 앞서 상대의 입장에서 생각해 보라는 의미.
69	緣木求魚 인연연 나무목 구할구 고기어	나무에 올라가 물고기를 구한다. 불가능한 일을 굳이 무리해서 하려는 것을 비유. [유의어] 상산구어(上山求魚)
70	吾鼻三尺 나오 코비 석삼 자척	내 코가 석 자. 자기 사정이 급박해서 남을 돌볼 여유가 없음을 비유.

	성어	풀이
71	烏飛梨落 까마귀오 날비 배리 떨어질락	까마귀 날자 배 떨어진다. 어떤 일이 마침 다른 일과 공교롭게 같이 일어나 쓸데없는 의심을 받음을 비유.
72	溫故知新 따뜻할온 옛고 알지 새로울신	옛 것을 익혀서 새 것을 안다. 과거의 것을 바탕으로 새로운 가치를 발견하고 실현해 나감. [관련어] 법고창신(法古創新)
73	愚公移山 어리석을우 공공 옮길이 뫼산	어리석은 사람이 산을 옮긴다. 어떤 일이든지 끊임없이 노력하면 마침내 성공할 수 있음을 비유.
74	有備無患 있을유 갖출비 없을무 근심환	갖춤이 있으면 근심이 없다. 미리 준비해 두면 어떤 환란이 와도 걱정할 것이 없다. [유의어] 거안사위(居安思危)
75	以卵投石 써이 알란 던질투 돌석	달걀로 돌을 친다. 약한 것으로 강한 것에 대항하려는 어리석음을 비유.
76	以心傳心 써이 마음심 전할전 마음심	마음으로써 마음을 전하다. 마음과 마음으로 서로 뜻이 통하다.
77	日就月將 날일 이룰취 달월 장자상	날로 나아가고 달로 성장한다. 나날이 자라고 발전한다는 의미.
78	自家撞着 스스로자 집가 칠당 붙을착	자신이 친 것이 자신에게 붙는다. 자신의 말과 행동이 앞뒤가 맞지 않고 모순이 됨. [유의어] 자승자박(自繩自縛)
79	自繩自縛 스스로자 줄승 스스로자 묶을박	제 줄로 제 몸을 옭아 묶는다. 자신이 한 말과 행동으로 말미암아 자신이 구속되어 괴로움을 당하게 됨. [유의어] 자가당착(自家撞着)
80	張三李四 베풀장 석삼 오얏리 넉사	장 씨의 셋째 아들과 이 씨의 넷째 아들. 이름이나 신분을 알 수 없는 평범한 사람들을 비유. [유의어] 초동급부(樵童汲婦), 필부필부(匹夫匹婦)

	성어	풀이
81	賊反荷杖 도둑적 돌이킬반 맬하 몽둥이장	도적이 도리어 몽둥이를 맨다. 잘못한 사람이 도리어 잘못도 없는 사람에게 시비나 트집을 거는 것을 비유. [유의어] 주객전도(主客顚倒)
82	輾轉反側 구를전 구를전 돌이킬반 곁측	누워서 몸을 이리저리 뒤척이며 잠을 이루지 못한다. [유의어] 전전불매(輾轉不寐)
83	轉禍爲福 구를전 재앙화 할위 복복	재앙이 바뀌어 복이 된다. 좋지 않은 일이 계기가 되어 도리어 좋은 일이 생긴다.
84	井底之蛙 우물정 밑저 갈지 개구리와	우물 안 개구리. 세상 물정 모르고 소견이 좁은 사람을 비유. [유의어] 좌정관천(坐井觀天), 통관규천(通管窺天), 이관규천(以管窺天)
85	朝令暮改 아침조 명령령 저물모 고칠개	아침에 명령했다가 저녁에 고친다. 계획이나 결정을 수시로 바꾸어 믿을 수가 없음. [유의어] 조변석개(朝變夕改), 고려공사삼일(高麗公事三日)
86	晝耕夜讀 낮주 밭갈경 밤야 읽을독	낮에는 밭 갈고, 밤에는 책을 읽는다. 바쁘고 어려운 상황에서도 꿋꿋하게 열심히 공부함. [유의어] 형설지공(螢雪之功)
87	走馬加鞭 달릴주 말마 더할가 채찍질편	달리는 말에 채찍질하다. 열심히 하는 사람을 더욱 잘하도록 격려함을 비유.
88	指鹿爲馬 손가락지 사슴록 할위 말마	사슴을 가리켜 말이라고 한다. 윗사람을 농락하여 권세를 제 마음대로 함을 말함.
89	進退兩難 나아갈진 물러날퇴 두양 어려울난	나아가고 물러남이 둘 다 어렵다. 이러지도 못하고 저러지도 못하는 매우 곤란한 상태.
90	天佑神助 하늘천 도울우 귀신신 도울조	하늘이 돕고 신이 돕는다. 하늘과 신령의 도움처럼 행운이나 복을 받는 경우.

	성어	풀이
91	靑出於藍 푸를청 날출 어조사어 쪽빛람	푸른색은 쪽빛에서 나왔다. 푸른색이 쪽빛보다 더 푸른 것처럼 제자가 스승보다 뛰어남을 비유.
92	焦眉之急 불탈초 눈썹미 갈지 급할급	눈썹이 타는 다급함. 매우 위급한 처지나 상황.
93	寸鐵殺人 마디촌 쇠철 죽일살 사람인	작고 날카로운 쇠붙이로도 사람을 죽일 수 있다. 짧은 경구로도 사람을 감동시킬 수 있음.
94	他山之石 남타 뫼산 갈지 돌석	남의 산에 있는 돌이라도 나의 옥을 다듬는 데 도움이 된다. 남의 하찮은 언행도 자신을 수양하는 데는 도움이 된다.
95	破竹之勢 깨뜨릴파 대죽 갈지 기세세	대 끝을 갈라 쪼개듯이 거침없이 적을 무찔러 나가는 맹렬한 기세.
96	表裏不同 겉표 속리 아니부 같을동	마음이 음흉하여 겉과 속이 같지 않다.
97	風樹之嘆 바람풍 나무수 갈지 탄식할탄	효도를 다하지 못하고 부모님이 돌아가시어, 효도하고 싶어도 할 수 없는 슬픔.
98	汗牛充棟 땀한 소우 채울충 용마루동	짐으로 실으면 소가 땀을 흘리고, 쌓으면 대들보에까지 미친다. 책이 매우 많음을 이름.
99	浩然之氣 클호 그러할연 갈지 기운기	사람의 마음에 차 있는 넓고 큰 기운.
100	昏定晨省 저물혼 정할정 새벽신 살필성	밤에는 부모님의 잠자리를 봐 드리고, 새벽이 되면 부모님의 안부를 살핀다. 부모를 잘 섬기고 효성을 다함. [유의어] 동온하청(冬溫夏凊)

初心

重寸陰

부록

한중일 공용한자 800자

	번체자	중국어	일본어	한국어
1	一	一	一	一
2	乙	乙	乙	乙
3	人	人	人	人
4	十	十	十	十
5	二	二	二	二
6	又	又	又	又
7	力	力	力	力
8	九	九	九	九
9	八	八	八	八
10	七	七	七	七
11	入	入	入	入
12	刀	刀	刀	刀
13	丁	丁	丁	丁
14	上	上	上	上
15	大	大	大	大
16	子	子	子	子
17	小	小	小	小
18	下	下	下	下
19	工	工	工	工
20	三	三	三	三
21	口	口	口	口
22	己	己	己	己
23	女	女	女	女
24	山	山	山	山
25	已	已	已	已
26	及	及	及	及
27	才	才	才	才
29	土	土	土	土
30	士	士	士	士
31	久	久	久	久
32	凡	凡	凡	凡
33	亡	亡	亡	亡
34	寸	寸	寸	寸
35	川	川	川	川
36	弓	弓	弓	弓
37	夕	夕	夕	夕
38	不	不	不	不
39	中	中	中	中
40	天	天	天	天
41	太	太	太	太
42	日	日	日	日
43	方	方	方	方
44	分	分	分	分
45	五	五	五	五
46	心	心	心	心
47	水	水	水	水
48	月	月	月	月
49	化	化	化	化
50	比	比	比	比
51	公	公	公	公
52	內	内	内	內
53	今	今	今	今
54	手	手	手	手
55	六	六	六	六

	번체자	중국어	일본어	한국어
28	千	千	千	千
57	少	少	少	少
58	文	文	文	文
59	夫	夫	夫	夫
60	火	火	火	火
61	元	元	元	元
62	毛	毛	毛	毛
63	王	王	王	王
64	友	友	友	友
65	支	支	支	支
66	片	片	片	片
67	木	木	木	木
68	引	引	引	引
69	止	止	止	止
70	父	父	父	父
71	尺	尺	尺	尺
72	午	午	午	午
73	牛	牛	牛	牛
74	戶	户	戸	戶
75	氏	氏	氏	氏
76	井	井	井	井
77	丹	丹	丹	丹
78	仁	仁	仁	仁
79	凶	凶	凶	凶
80	匹	匹	匹	匹
81	犬	犬	犬	犬
82	他	他	他	他
83	以	以	以	以
84	可	可	可	可

	번체자	중국어	일본어	한국어
56	反	反	反	反
85	生	生	生	生
86	出	出	出	出
87	主	主	主	主
88	用	用	用	用
89	去	去	去	去
90	民	民	民	民
91	本	本	本	本
92	外	外	外	外
93	加	加	加	加
94	四	四	四	四
95	正	正	正	正
96	由	由	由	由
97	平	平	平	平
98	代	代	代	代
99	白	白	白	白
100	立	立	立	立
101	打	打	打	打
102	北	北	北	北
103	世	世	世	世
104	必	必	必	必
105	目	目	目	目
106	市	市	市	市
107	且	且	且	且
108	布	布	布	布
109	石	石	石	石
110	母	母	母	母
111	未	未	未	未
112	半	半	半	半

	번체자	중국어	일본어	한국어
113	示	示	示	示
114	古	古	古	古
115	史	史	史	史
116	失	失	失	失
117	功	功	功	功
118	田	田	田	田
119	皮	皮	皮	皮
120	令	令	令	令
121	左	左	左	左
122	句	句	句	句
123	右	右	右	右
124	玉	玉	玉	玉
125	冬	冬	冬	冬
126	兄	兄	兄	兄
127	永	永	永	永
128	甲	甲	甲	甲
129	末	末	末	末
130	瓦	瓦	瓦	瓦
131	巨	巨	巨	巨
132	幼	幼	幼	幼
133	甘	甘	甘	甘
134	仙	仙	仙	仙
135	申	申	申	申
136	册	册	册	册
137	丙	丙	丙	丙
138	在	在	在	在
139	有	有	有	有
140	地	地	地	地
169	米	米	米	米

	번체자	중국어	일본어	한국어
141	全	全	全	全
142	年	年	年	年
143	多	多	多	多
144	自	自	自	自
145	好	好	好	好
146	行	行	行	行
147	同	同	同	同
148	成	成	成	成
149	如	如	如	如
150	老	老	老	老
151	因	因	因	因
152	向	向	向	向
153	合	合	合	合
154	各	各	各	各
155	百	百	百	百
156	西	西	西	西
157	回	回	回	回
158	次	次	次	次
159	先	先	先	先
160	名	名	名	名
161	再	再	再	再
162	安	安	安	安
163	共	共	共	共
164	光	光	光	光
165	至	至	至	至
166	收	收	収	收
167	交	交	交	交
168	字	字	字	字
197	舌	舌	舌	舌

	번체자	중국어	일본어	한국어
170	色	色	色	色
171	式	式	式	式
172	死	死	死	死
173	早	早	早	早
174	列	列	列	列
175	江	江	江	江
176	衣	衣	衣	衣
177	存	存	存	存
178	忙	忙	忙	忙
179	守	守	守	守
180	充	充	充	充
181	考	考	考	考
182	血	血	血	血
183	印	印	印	印
184	肉	肉	肉	肉
185	危	危	危	危
186	曲	曲	曲	曲
187	耳	耳	耳	耳
188	羊	羊	羊	羊
189	休	休	休	休
190	伐	伐	伐	伐
191	竹	竹	竹	竹
192	吉	吉	吉	吉
193	伏	伏	伏	伏
194	刑	刑	刑	刑
195	朱	朱	朱	朱
196	仰	仰	仰	仰
225	技	技	技	技
226	告	告	告	告

	번체자	중국어	일본어	한국어
198	宅	宅	宅	宅
199	宇	宇	宇	宇
200	寺	寺	寺	寺
201	兆	兆	兆	兆
202	我	我	我	我
203	作	作	作	作
204	見	见	見	見
205	利	利	利	利
206	位	位	位	位
207	走	走	走	走
208	完	完	完	完
209	別	别	別	別
210	形	形	形	形
211	決	决	決	決
212	身	身	身	身
213	改	改	改	改
214	車	车	車	車
215	快	快	快	快
216	花	花	花	花
217	住	住	住	住
218	志	志	志	志
219	每	每	毎	每
220	更	更	更	更
221	究	究	究	究
222	近	近	近	近
223	何	何	何	何
224	步	步	歩	步
253	佛	佛	仏	佛
254	辛	辛	辛	辛

	번체자	중국어	일본어	한국어
227	兵	兵	兵	兵
228	言	言	言	言
229	低	低	低	低
230	足	足	足	足
231	角	角	角	角
232	助	助	助	助
233	防	防	防	防
234	希	希	希	希
235	村	村	村	村
236	投	投	投	投
237	弟	弟	弟	弟
238	良	良	良	良
239	初	初	初	初
240	均	均	均	均
241	男	男	男	男
242	判	判	判	判
243	冷	冷	冷	冷
244	材	材	材	材
245	君	君	君	君
246	困	困	困	困
247	否	否	否	否
248	迎	迎	迎	迎
249	吹	吹	吹	吹
250	私	私	私	私
251	忘	忘	忘	忘
252	序	序	序	序
281	知	知	知	知
282	表	表	表	表
283	者	者	者	者

	번체자	중국어	일본어	한국어
255	尾	尾	尾	尾
256	妙	妙	妙	妙
257	壯	壮	壮	壯
258	貝	贝	貝	貝
259	忍	忍	忍	忍
260	豆	豆	豆	豆
261	秀	秀	秀	秀
262	卵	卵	卵	卵
263	臣	臣	臣	臣
264	赤	赤	赤	赤
265	扶	扶	扶	扶
266	孝	孝	孝	孝
267	姊	姊	姉	姊
268	的	的	的	的
269	來	来	来	來
270	和	和	和	和
271	到	到	到	到
272	事	事	事	事
273	所	所	所	所
274	長	长	長	長
275	法	法	法	法
276	定	定	定	定
277	兩	两	両	兩
278	明	明	明	明
279	使	使	使	使
280	物	物	物	物
309	房	房	房	房
310	注	注	注	注
311	英	英	英	英

	번체자	중국어	일본어	한국어
284	兒	儿	児	兒
285	命	命	命	命
286	性	性	性	性
287	果	果	果	果
288	門	门	門	門
289	東	东	東	東
290	放	放	放	放
291	官	官	官	官
292	爭	争	争	爭
293	取	取	取	取
294	育	育	育	育
295	直	直	直	直
296	治	治	治	治
297	金	金	金	金
298	受	受	受	受
299	非	非	非	非
300	油	油	油	油
301	林	林	林	林
302	空	空	空	空
303	往	往	往	往
304	易	易	易	易
305	京	京	京	京
306	服	服	服	服
307	河	河	河	河
308	若	若	若	若
337	抱	抱	抱	抱
338	虎	虎	虎	虎
339	卷	卷	巻	卷
340	杯	杯	杯	杯

	번체자	중국어	일본어	한국어
312	苦	苦	苦	苦
313	始	始	始	始
314	念	念	念	念
315	武	武	武	武
316	例	例	例	例
317	雨	雨	雨	雨
318	固	固	固	固
319	夜	夜	夜	夜
320	協	协	協	協
321	免	免	免	免
322	承	承	承	承
323	依	依	依	依
324	波	波	波	波
325	居	居	居	居
326	呼	呼	呼	呼
327	妹	妹	妹	妹
328	味	味	味	味
329	松	松	松	松
330	季	季	季	季
331	枝	枝	枝	枝
332	宗	宗	宗	宗
333	招	招	招	招
334	店	店	店	店
335	幸	幸	幸	幸
336	妻	妻	妻	妻
365	建	建	建	建
366	革	革	革	革
367	美	美	美	美
368	南	南	南	南

	번체자	중국어	일본어	한국어
341	姓	姓	姓	姓
342	典	典	典	典
343	彼	彼	彼	彼
344	奉	奉	奉	奉
345	舍	舍	舎	舍
346	叔	叔	叔	叔
347	忠	忠	忠	忠
348	宙	宙	宙	宙
349	泣	泣	泣	泣
350	昔	昔	昔	昔
351	卒	卒	卒	卒
352	是	是	是	是
353	要	要	要	要
354	活	活	活	活
355	面	面	面	面
356	後	后	後	後
357	看	看	看	看
358	前	前	前	前
359	政	政	政	政
360	度	度	度	度
361	重	重	重	重
362	相	相	相	相
363	便	便	便	便
364	軍	军	軍	軍
393	紅	红	紅	紅
394	城	城	城	城
395	客	客	客	客
396	屋	屋	屋	屋
397	律	律	律	律

	번체자	중국어	일본어	한국어
369	計	计	計	計
370	界	界	界	界
371	海	海	海	海
372	思	思	思	思
373	品	品	品	品
374	指	指	指	指
375	科	科	科	科
376	保	保	保	保
377	則	则	則	則
378	信	信	信	信
379	省	省	省	省
380	風	风	風	風
381	持	持	持	持
382	約	约	約	約
383	神	神	神	神
384	甚	甚	甚	甚
385	飛	飞	飛	飛
386	食	食	食	食
387	首	首	首	首
388	故	故	故	故
389	草	草	草	草
390	送	送	送	送
391	音	音	音	音
392	洋	洋	洋	洋
421	怒	怒	怒	怒
422	俗	俗	俗	俗
423	祝	祝	祝	祝
424	拾	拾	拾	拾
425	柳	柳	柳	柳

	번체자	중국어	일본어	한국어
398	施	施	施	施
399	急	急	急	急
400	星	星	星	星
401	帝	帝	帝	帝
402	待	待	待	待
403	春	春	春	春
404	限	限	限	限
405	室	室	室	室
406	香	香	香	香
407	退	退	退	退
408	祖	祖	祖	祖
409	威	威	威	威
410	洞	洞	洞	洞
411	洗	洗	洗	洗
412	昨	昨	昨	昨
413	拜	拜	拝	拜
414	秋	秋	秋	秋
415	厚	厚	厚	厚
416	追	追	追	追
417	皆	皆	皆	皆
418	勇	勇	勇	勇
419	恨	恨	恨	恨
420	皇	皇	皇	皇
449	料	料	料	料
450	連	连	連	連
451	師	师	師	師
452	校	校	校	校
453	席	席	席	席
454	病	病	病	病

	번체자	중국어	일본어	한국어
426	泉	泉	泉	泉
427	柔	柔	柔	柔
428	哀	哀	哀	哀
429	怨	怨	怨	怨
430	逆	逆	逆	逆
431	個	个	個	個
432	時	时	時	時
433	能	能	能	能
434	家	家	家	家
435	起	起	起	起
436	高	高	高	高
437	氣	气	気	氣
438	原	原	原	原
439	展	展	展	展
440	通	通	通	通
441	華	华	華	華
442	特	特	特	特
443	書	书	書	書
444	馬	马	馬	馬
445	造	造	造	造
446	流	流	流	流
447	記	记	記	記
448	根	根	根	根
477	射	射	射	射
478	針	针	針	針
479	烈	烈	烈	烈
480	訓	训	訓	訓
481	夏	夏	夏	夏
482	骨	骨	骨	骨

	번체자	중국어	일본어	한국어		번체자	중국어	일본어	한국어
455	笑	笑	笑	笑	483	孫	孙	孫	孫
456	除	除	除	除	484	庭	庭	庭	庭
457	速	速	速	速	485	島	岛	島	島
458	害	害	害	害	486	弱	弱	弱	弱
459	消	消	消	消	487	徒	徒	徒	徒
460	破	破	破	破	488	浪	浪	浪	浪
461	容	容	容	容	489	純	纯	純	純
462	修	修	修	修	490	乘	乘	乗	乘
463	效	效	効	效	491	耕	耕	耕	耕
464	留	留	留	留	492	悟	悟	悟	悟
465	致	致	致	致	493	泰	泰	泰	泰
466	財	财	財	財	494	浮	浮	浮	浮
467	旅	旅	旅	旅	495	胸	胸	胸	胸
468	益	益	益	益	496	栽	栽	栽	栽
469	素	素	素	素	497	勉	勉	勉	勉
470	恩	恩	恩	恩	498	眠	眠	眠	眠
471	酒	酒	酒	酒	499	浴	浴	浴	浴
472	降	降	降	降	500	國	国	国	國
473	案	案	案	案	501	得	得	得	得
474	紙	纸	紙	紙	502	動	动	動	動
475	借	借	借	借	503	都	都	都	都
476	殺	杀	殺	殺	504	進	进	進	進
505	著	着	著	著	533	船	船	船	船
506	部	部	部	部	534	魚	鱼	魚	魚
507	問	问	問	問	535	婦	妇	婦	婦
508	從	从	従	從	536	黃	黄	黄	黃
509	現	现	現	現	537	視	视	視	視
510	著	著	著	著	538	責	责	責	責
511	理	理	理	理	539	密	密	密	密

	번체자	중국어	일본어	한국어		번체자	중국어	일본어	한국어
512	第	第	第	第	540	貨	货	貨	貨
513	將	将	将	將	541	救	救	救	救
514	情	情	情	情	542	終	终	終	終
515	常	常	常	常	543	停	停	停	停
516	接	接	接	接	544	章	章	章	章
517	設	设	設	設	545	頂	顶	頂	頂
518	許	许	許	許	546	假	假	仮	假
519	務	务	務	務	547	訪	访	訪	訪
520	基	基	基	基	548	野	野	野	野
521	深	深	深	深	549	麥	麦	麦	麥
522	處	处	処	處	550	唱	唱	唱	唱
523	眼	眼	眼	眼	551	菜	菜	菜	菜
524	望	望	望	望	552	堂	堂	堂	堂
525	商	商	商	商	553	移	移	移	移
526	習	习	習	習	554	異	异	異	異
527	參	参	参	參	555	脫	脱	脱	脫
528	婚	婚	婚	婚	556	執	执	執	執
529	球	球	球	球	557	貧	贫	貧	貧
530	細	细	細	細	558	敗	败	敗	敗
531	推	推	推	推	559	混	混	混	混
532	族	族	族	族	560	探	探	探	探
561	盛	盛	盛	盛	589	幾	几	幾	幾
562	鳥	鸟	鳥	鳥	590	最	最	最	最
563	陸	陆	陸	陸	591	結	结	結	結
564	陰	阴	陰	陰	592	給	给	給	給
565	欲	欲	欲	欲	593	期	期	期	期
566	閉	闭	閉	閉	594	萬	万	万	萬
567	唯	唯	唯	唯	595	報	报	報	報
568	雪	雪	雪	雪	596	運	运	運	運

	번체자	중국어	일본어	한국어
569	淨	净	浄	淨
570	淺	浅	浅	淺
571	虛	虚	虚	虛
572	惜	惜	惜	惜
573	授	授	授	授
574	患	患	患	患
575	宿	宿	宿	宿
576	涼	凉	涼	涼
577	晝	昼	昼	晝
578	崇	崇	崇	崇
579	祭	祭	祭	祭
580	就	就	就	就
581	道	道	道	道
582	發	发	発	發
583	過	过	過	過
584	等	等	等	等
585	無	无	無	無
586	然	然	然	然
587	間	间	間	間
588	量	量	量	量
617	葉	叶	葉	葉
618	朝	朝	朝	朝
619	雲	云	雲	雲
620	敢	敢	敢	敢
621	圓	圆	円	圓
622	畫	画	画	畫
623	減	减	減	減
624	短	短	短	短
625	飯	饭	飯	飯

	번체자	중국어	일본어	한국어
597	極	极	極	極
598	統	统	統	統
599	勞	劳	労	勞
600	場	场	場	場
601	達	达	達	達
602	單	单	単	單
603	須	须	須	須
604	備	备	備	備
605	集	集	集	集
606	勝	胜	勝	勝
607	遊	游	遊	遊
608	喜	喜	喜	喜
609	落	落	落	落
610	黑	黑	黒	黑
611	買	买	買	買
612	堅	坚	堅	堅
613	陽	阳	陽	陽
614	富	富	富	富
615	答	答	答	答
616	揚	扬	揚	揚
645	番	番	番	番
646	勤	勤	勤	勤
647	賀	贺	賀	賀
648	悲	悲	悲	悲
649	喪	丧	喪	喪
650	閑	闲	閑	閑
651	惠	惠	恵	惠
652	晴	晴	晴	晴
653	暑	暑	暑	暑

	번체자	중국어	일본어	한국어
626	善	善	善	善
627	童	童	童	童
628	散	散	散	散
629	惡	恶	悪	惡
630	貴	贵	貴	貴
631	植	植	植	植
632	登	登	登	登
633	敬	敬	敬	敬
634	景	景	景	景
635	偉	伟	偉	偉
636	遇	遇	遇	遇
637	順	顺	順	順
638	筆	笔	筆	筆
639	街	街	街	街
640	湖	湖	湖	湖
641	雄	雄	雄	雄
642	稅	税	税	稅
643	寒	寒	寒	寒
644	尊	尊	尊	尊
673	勢	势	勢	勢
674	遠	远	遠	遠
675	感	感	感	感
676	溫	温	温	溫
677	試	试	試	試
678	滿	满	満	滿
679	歲	岁	歳	歲
680	煙	烟	煙	煙
681	傷	伤	傷	傷
682	福	福	福	福

	번체자	중국어	일본어	한국어
654	貯	贮	貯	貯
655	會	会	会	會
656	經	经	経	經
657	新	新	新	新
658	電	电	電	電
659	業	业	業	業
660	當	当	当	當
661	義	义	義	義
662	意	意	意	意
663	想	想	想	想
664	話	话	話	話
665	與	与	与	與
666	路	路	路	路
667	農	农	農	農
668	解	解	解	解
669	愛	爱	愛	愛
670	號	号	号	號
671	節	节	節	節
672	傳	传	伝	傳
701	算	算	算	算
702	廣	广	広	廣
703	精	精	精	精
704	銀	银	銀	銀
705	盡	尽	尽	盡
706	輕	轻	軽	輕
707	適	适	適	適
708	端	端	端	端
709	聞	闻	聞	聞
710	語	语	語	語

	번체자	중국어	일본어	한국어
683	漢	汉	漢	漢
684	罪	罪	罪	罪
685	暗	暗	暗	暗
686	園	园	園	園
687	詩	诗	詩	詩
688	禁	禁	禁	禁
689	聖	圣	聖	聖
690	暖	暖	暖	暖
691	誠	诚	誠	誠
692	愁	愁	愁	愁
693	慈	慈	慈	慈
694	說	说	説	說
695	對	对	対	對
696	種	种	種	種
697	實	实	実	實
698	領	领	領	領
699	認	认	認	認
700	圖	图	図	圖
729	增	增	増	增
730	調	调	調	調
731	請	请	請	請
732	德	德	徳	德
733	談	谈	談	談
734	選	选	選	選
735	價	价	価	價
736	養	养	養	養
737	樂	乐	楽	樂
738	敵	敌	敵	敵
739	誰	谁	誰	誰

	번체자	중국어	일본어	한국어
711	察	察	察	察
712	練	练	練	練
713	誤	误	誤	誤
714	歌	歌	歌	歌
715	綠	绿	緑	綠
716	榮	荣	栄	榮
717	穀	谷	穀	穀
718	墨	墨	墨	墨
719	鳴	鸣	鳴	鳴
720	鼻	鼻	鼻	鼻
721	漁	渔	漁	漁
722	壽	寿	寿	壽
723	暮	暮	暮	暮
724	論	论	論	論
725	數	数	数	數
726	線	线	線	線
727	質	质	質	質
728	熱	热	熱	熱
757	錢	钱	銭	錢
758	興	兴	興	興
759	餘	余	余	餘
760	獨	独	独	獨
761	橋	桥	橋	橋
762	燈	灯	灯	燈
763	靜	静	静	靜
764	憶	忆	憶	憶
765	應	应	応	應
766	聲	声	声	聲
767	講	讲	講	講

	번체자	중국어	일본어	한국어		번체자	중국어	일본어	한국어
740	賣	卖	売	賣	768	舊	旧	旧	舊
741	諸	诸	諸	諸	769	鮮	鲜	鮮	鮮
742	課	课	課	課	770	謝	谢	謝	謝
743	億	亿	億	億	771	關	关	関	關
744	舞	舞	舞	舞	772	題	题	題	題
745	齒	齿	歯	齒	773	難	难	難	難
746	慶	庆	慶	慶	774	醫	医	医	醫
747	暴	暴	暴	暴	775	藝	艺	芸	藝
748	潔	洁	潔	潔	776	歸	归	帰	歸
749	遺	遗	遺	遺	777	蟲	虫	虫	蟲
750	賞	赏	賞	賞	778	藥	药	薬	藥
751	憂	忧	憂	憂	779	禮	礼	礼	禮
752	學	学	学	學	780	豐	丰	豊	豐
753	頭	头	頭	頭	781	識	识	識	識
754	戰	战	戦	戰	782	證	证	証	證
755	親	亲	親	親	783	願	愿	願	願
756	樹	树	樹	樹	784	勸	劝	勧	勸
785	議	议	議	議	793	露	露	露	露
786	嚴	严	厳	嚴	794	聽	听	聴	聽
787	鐘	钟	鐘	鐘	795	讀	读	読	讀
788	競	竞	競	競	796	驚	惊	驚	驚
789	權	权	権	權	797	體	体	体	體
790	鐵	铁	鉄	鐵	798	變	变	変	變
791	續	续	続	續	799	觀	观	観	觀
792	歡	欢	歓	歡	800	讓	让	譲	讓

기초한자 쓰기

一	二
三	四
五	六
七	八
九	十
父	母
兄	弟
東	西
南	北
大	中
小	日
月	火
水	木
金	土
青	白
學	校
教	室

生國人民年門外寸歌江工口記男農道動洞

先韓軍王女萬山長家間車空氣旗內答冬同

登
力
里
立
面
命
問
方
夫
事
上
夕
世
所
數
時
植
安

來
老
林
每
名
文
物
百
不
算
色
姓
少
手
市
食
心
語

午有邑子自全電祖左住地直天草秋出平夏

然右育入字場前正足主重紙千川村春便下

漢
花
活
後
角
感
開
界
古
苦
公
果
光
區
郡
根
急
多

海
話
孝
休
各
强
京
計
高
功
共
科
交
球
近
今
級
短

代對圖童等例路李理目米朴半發番病本分

堂待度讀頭樂禮綠利明聞美反班放別服部

使
社
石
線
成
消
孫
術
勝
式
身
新
愛
野
藥
陽
業
英

死
書
席
雪
省
速
樹
習
始
神
信
失
夜
弱
洋
言
永
溫

勇園由銀飮意者昨才戰庭題族晝窓體太特

用運遠油音衣醫作章在定第朝注集清親通

表
合
幸
現
號
畫
會
加
價
客
擧
建
格
決
景
輕
固
告

風
行
向
形
和
黃
訓
可
改
去
件
健
見
結
敬
競
考
曲

過觀橋救局規己汽期念團談德島獨朗良旅

課關廣具舊貴給技基吉能壇當到都落冷量

歷令勞流陸末望賣倍變福比鼻士史思産商

練領料類馬亡買無法兵奉費氷仕査寫相賞

仙善鮮性歲首順識實惡約魚億

序船選說洗東宿示臣兒案養漁

사자성어 쓰기

街談巷說

刻骨難忘

肝膽相照

改過遷善

苛斂誅求

刻舟求劍

甘呑苦吐

牽强附會

結者解之傾國之色孤掌難鳴曲學阿世

見蚊拔劍結草報恩鷄卵有骨苦盡甘來

刮目相對敎學相長近墨者黑錦衣夜行

過猶不及巧言令色口蜜腹劍錦上添花

囊中之錐多多益善同價紅裳同床異夢

難兄難弟累卵之危大器晚成同病相憐

凍足放尿
亡羊之歎
目不識丁
門前成市

馬耳東風
孟母三遷
聞一知十
拍掌大笑

拔本索源不立文字四顧無親事必歸正

反哺之孝傍若無人不恥下問四面楚歌

桑田碧海先公後私小貪大失手不釋卷

三旬九食塞翁之馬雪上加霜首丘初心

脣亡齒寒十匙一飯安分知足羊頭狗肉

守株待兎識字憂患我田引水眼下無人

漁父之利易地思之吾鼻三尺溫故知新

良藥苦口語不成說緣木求魚烏飛梨落

有備無患以心傳心自家撞着張三李四

愚公移山以卵投石日就月將自繩自縛

輾轉反側井底之蛙晝耕夜讀指鹿爲馬

賊反荷杖轉禍爲福朝令暮改走馬加鞭

天佑神助焦眉之急他山之石表裏不同

進退兩難青出於藍寸鐵殺人破竹之勢

風樹之嘆
浩然之氣

汗牛充棟
昏定晨省